グループ経営を はじめよう 第4版

［非上場会社のための持株会社活用法］

あがたグローバル税理士法人
アヴァンセコンサルティング株式会社　著

税務経理協会

第4版刊行にあたって

　初版『グループ経営をはじめよう』は2012年9月に出版しました。上場企業で導入が進んでいるグループ経営を非上場企業にも広めたいというのが執筆動機でした。非上場企業の経営者の方々にグループ経営とは何であるか、より効率的なグループ経営を行うためにはどうしたらいいのかを、わかりやすく説明しようというのが執筆者の共通した思いでした。

　そうして完成した本書が、我々執筆者の予想以上に読者に受け入れられ、2014年の改訂版、2016年の第3版に続き今回第4版を刊行する運びになりました。

　この間、大企業ではM&Aによるグローバル化の流れは一層拡大しています。非上場企業においても、日本国内は人口減少に伴い労働力不足や需要減退に追い込まれつつあることから、海外展開がより一層重要になってきています。

　そこで、今回の第4版では海外展開において不可欠な知識である移転価格税制を取り上げ、その解説を行うこととしました。

　本書が、企業環境が激変する中で、グループ経営を志向する非上場企業の皆様の一助となれば幸いです。

　今回の発行に際しては、前回に引き続き、株式会社税務経理協会の小林規明様の特段のご支援をいただきました。厚く御礼を申し上げます。

2018年8月

　　　　　　　　　　　　　　　　　　　　　　　　　　　　執筆者一同

はじめに

　私たちは会計、税務を中心とするコンサルティング会社のコンサルタントとして、日々多くの会社経営者の方々と接しています。経営者の方々の悩みは会社の状況に応じてさまざまなのですが、複数の事業を抱えながら、これから発展しようとしている意欲ある非上場の中堅企業の経営者にはある共通したジレンマがあるように感じています。それは、個別の事業を成長させるためには、事業責任者の裁量の幅を増やさなければなりませんが、それをあまりに強調しすぎると、企業としての一体性がそがれてしまう、ということです。

　抱えている事業そのものの発展を意図するなら、事業ごとに別会社を作るのが合理的です。ただ、事業ごとに会社を作り、それぞれが自由勝手に経営をはじめてしまったら、企業グループとしての一体性は保てません。その有力な解決法が持株会社制度です。しかし、持株会社制度を組織しただけでグループの一体性を維持できるわけではありません。持株会社を中心とした企業グループを一元的に経営・管理するためには、それを支えるいくつかの仕組みが必要になります。それが連結決算、連結管理会計、連結納税、キャッシュ・マネジメント・システム（CMS）です。持株会社にこうした仕組みを組み入れることにより、各事業の成長を促進しながら、企業グループとしての一体性を保つことができます。本書はこうした仕組みの基本的な部分を解説することを目的に執筆しました。

　グループ経営に必要な制度としての持株会社や連結決算、連結納税などを個々に取り上げ解説する手法もあったのですが、それより、複数の事業を保有する非上場の中堅企業を想定し、その企業が持株会社を設立した後、次々と課題に直面し、そうしたいくつかの課題を解決しながら、どのように企業グループとして成長していくかを記述していった方が、企業経営者の方々にはわかりやすいだろうと考えました。そこで、本書では第1章で持株会社の設立に関する説明をし、第2章以降で持株会社に付随する弊害を除去するための解決策と

して、連結決算、連結管理会計、連結納税、キャッシュ・マネジメント・システム（CMS）の説明を行うという構成にしました。

　日本経済はバブル崩壊以後20年以上にわたり低迷を続けています。この間の教訓は、政府や日銀などのマクロ的経済政策は経済回復の決定打にならない、日本経済を活性化するためには、個々の企業が自ら活路を拓いていかなければならない、ということではないでしょうか。

　太平洋戦争の後、日本は焼け跡から立ち上がり、驚異的なスピードで復興しました。これは祖国日本を再建しなければならないという高い志と熱い心を持ったリーダーと、その姿に共鳴した国民が一体となってがむしゃらに働いてきた結果だと思います。

　「賢者は歴史に学ぶ」という箴言がありますが、日本経済を再び活性化するためには、戦後の廃墟から立ち上がり、世界第二位の経済大国に押し上げた先達の経営者の理念や情熱に学び、個々の企業の経営者が独立自尊の精神で困難を乗り越えていかなければなりません。本書が中堅企業の皆様の将来を切り開く一助になれば幸いです。

　本書の執筆に際しては、株式会社税務経理協会の小林規明氏に一方ならぬご支援を頂きました。厚く御礼を申し上げます。

2012年8月

あがたグローバル税理士法人
理事長　小林　邦一

目次 CONTENTS

第1部　なぜ，グループ経営なのか

第1章　持株会社の設立

subject 1
解決したい問題
・事業ごとの損益が把握できない
・迅速な意思決定ができない
・従業員が処遇に不満を持っている ……………… 4

あがた商会の現状 …………………………………… 6
1. 組織図 ………………………………………………… 6
2. 財務状況（貸借対照表，損益計算書）………… 7

問題点の整理 ………………………………………… 8
1. 事業別財務状況が不明確 ………………………… 8
   ① 事業別損益計算の問題点 …………………… 8
   ② 投資採算性が不明 …………………………… 9
   ③ 事業別戦略が立てにくい …………………… 10
2. 役員会の機能不全 ………………………………… 11
3. 従業員の処遇 ……………………………………… 12
4. 後継者問題 ………………………………………… 14

－i－

改善策の検討と実行 ･･ 15

1 持株会社とは ･･ 15
- ① 概要 ･･ 15
- ② メリット ･･ 15
- ③ デメリット ･･ 17
- ④ 採用の検討 ･･ 19

2 新設会社分割とは ･･ 19
- ① 概要 ･･ 19
- ② 法律的手続 ･･ 21
- ③ 労働者保護手続 ･･ 23
- ④ 会計処理 ･･ 24
- ⑤ 税務処理 ･･ 26

3 当社への適用 ･･ 28
- ① 事業及び従業員の分割 ････････････････････････････････････ 28
- ② 資産・負債の分割 ･･ 29
- ③ 許認可関係の整理 ･･ 32

あがたホールディングの誕生 ･･････････････････････････････････ 33

1 組織図, 貸借対照表 ･･ 33
2 親会社 ･･ 34
3 子会社 ･･ 35
4 問題点の解決 ･･ 36
- ① 事業別財務状況が不明確 ･･････････････････････････････････ 36
- ② 役員会の機能不全 ･･ 36
- ③ 従業員の処遇 ･･ 37
- ④ 後継者問題 ･･ 37

第2章　M&Aでグループ拡大

subject 2

解決したい問題
・会社を拡大させたい
・M&Aをどのように進めればいいのか……………………… 40

あがたグループの現状 …………………………………………… 42
1 組織図 ……………………………………………………………… 42
2 財務状況 …………………………………………………………… 43

問題点の整理 ……………………………………………………… 44
1 会社を成長させたい ……………………………………………… 44
2 M&Aについて知りたい ………………………………………… 44

改善策の検討と実行 …………………………………………… 45
1 会社成長の必要性 ………………………………………………… 45
　① 会社・事業のライフサイクル …………………………………… 45
　② M&Aのメリット・デメリット ………………………………… 46
2 M&Aとは ………………………………………………………… 46
　① M&Aの種類 ……………………………………………………… 46
　② M&Aの手続 ……………………………………………………… 48
　③ デューデリジェンス ……………………………………………… 48
　④ 買収価格の評価 …………………………………………………… 52
3 当社への適用 ……………………………………………………… 57
　① M&Aの手続と財務デューデリジェンス ……………………… 58
　② 株価算定及び買収価格の決定 …………………………………… 59

あがたグループの完成 ………………………………………… 62
1 組織図 ……………………………………………………………… 62

2 財務状況 ……………………………………………………… 63

第3章　グループ経営の必要性

subject
3

解決したい問題
・グループ経営の必要性や本質についての理解があいまい… 66

グループ経営の本質と必要性 …………………………………… 67

1 グループ経営の必要性……………………………………………… 67
　① 企業価値最大化の2つの手法 ……………………………… 67
　② 上場企業と非上場企業の違い ……………………………… 69
　③ グループの統一性と個別事業の自立性の両立 …………… 69

2 連結決算の必要性…………………………………………………… 70
　① 企業グループの正確な実態把握 …………………………… 70
　② 海外子会社管理……………………………………………… 71
　③ 金融機関からの高評価 ……………………………………… 73

3 連結管理会計の必要性─事業別損益の把握─ ………………… 74
4 連結納税の必要性─赤字会社と黒字会社の損益通算─ ……… 75
5 CMSの必要性─グループ内資金の有効活用─ ………………… 75
6 親会社管理機能の充実……………………………………………… 76
　① グループとしてのキャッシュ・フロー戦略 ……………… 76
　② 親会社機能の充実…………………………………………… 76

7 子会社の売却………………………………………………………… 77

第2部　グループ経営手法

第4章　連結決算の導入

subject 4

解決したい問題
・グループ全体の状況把握ができない
・海外子会社の管理が脆弱 ································ 82

あがたグループの現状 ································ 84
1. 組織図 ································ 84
2. 財務状況（貸借対照表，損益計算書） ································ 85

問題点の整理 ································ 87
1. グループ全体の状況把握が困難 ································ 87
    ① 親会社の個別決算書は意味を持たない ································ 87
    ② グループ全体の業績がつかめない ································ 87
    ③ 会計方針の相違 ································ 89
    ④ 決算のスピード ································ 89
2. 海外子会社の管理が脆弱 ································ 90

改善策の検討と実行 ································ 92
1. グループ経営の必要性 ································ 92
    ① グループ経営が必要とされる背景 ································ 92
    ② グループ経営と連結決算 ································ 93
2. 連結決算とは ································ 93
    ① 連結の概念 ································ 93
    ② 連結決算の作成手順 ································ 94
    ③ 投資と資本の相殺消去 ································ 96

	④	グループ間取引の相殺消去………………………	101
	⑤	貸倒引当金の消去…………………………………	104
	⑥	未実現利益の消去…………………………………	106
	⑦	海外子会社の決算書の換算………………………	111
	⑧	開始仕訳……………………………………………	115
	⑨	連結精算表…………………………………………	115
	⑩	連結キャッシュ・フロー計算書…………………	117
	⑪	連結決算上の留意点………………………………	125
3	当社への適用………………………………………………		129
	①	連結決算体制の整備………………………………	129
	②	海外子会社の管理体制の整備 …………………	130
	③	連結精算表の作成…………………………………	131
	④	連結キャッシュ・フロー精算表の作成…………	135

連結決算書の完成 ……………………………………………… 139

1 連結貸借対照表,連結損益計算書,連結キャッシュ・フロー計算書 … 139
2 問題点の解決…………………………………………………… 139
　　① グループ全体の状況把握が困難 ……………………… 139
　　② 海外子会社の管理が脆弱 ……………………………… 140

第5章　連結管理会計の導入

subject 5
解決したい問題
・グループ全体で予算管理ができない
・事業別損益がわからない……………………………… 142

あがたグループの現状 ……………………………………… 144

1 組織図………………………………………………………… 144
2 財務状況（貸借対照表，損益計算書）………………………… 145

問題点の整理 …………………………………………………………………… 147
1. 連結ベースの予算管理不能 ………………………………………… 147
2. 事業別損益が不明確 ………………………………………………… 147

改善策の検討と実行 ……………………………………………………… 149
1. 連結予算管理とは …………………………………………………… 149
   ① 予算管理 ………………………………………………………… 149
   ② 予算編成の方法 ………………………………………………… 151
   ③ 予算統制の方法 ………………………………………………… 151
   ④ PDCAサイクル ………………………………………………… 152
   ⑤ 連結ベースの予算管理 ………………………………………… 153
   ⑥ 予測連結の作成 ………………………………………………… 155
2. セグメント情報とは ………………………………………………… 156
   ① 目的 ……………………………………………………………… 156
   ② 概要 ……………………………………………………………… 157
3. 当社への適用 ………………………………………………………… 159
   ① 連結予算管理の実施 …………………………………………… 159
   ② セグメント情報の作成 ………………………………………… 174

連結管理会計の完成 ……………………………………………………… 185
1. 連結予算実績差異分析表, セグメント情報 ……………………… 185
2. 問題点の解決 ………………………………………………………… 185
   ① 連結の効果 ……………………………………………………… 186
   ② 事業別損益把握の効果 ………………………………………… 187

第6章　連結納税の導入

subject 6

解決したい問題
・赤字会社を納税額圧縮に役立てたい………………………… 190

あがたグループの現状……………………………………… 192
1 組織図……………………………………………………… 192
2 財務状況（貸借対照表，損益計算書）………………… 192

問題点の整理 …………………………………………………… 195
1 子会社の納税額の増加………………………………………… 195
2 親会社の受取配当金の益金不算入……………………… 197

改善策の検討と実行 ……………………………………………… 199
1 連結納税制度とは………………………………………… 199
　① 概要 ………………………………………………… 199
　② メリット ………………………………………… 202
　③ デメリット ……………………………………… 204
2 当社への適用……………………………………………… 209
　① 連結納税開始時点の処理 ……………………… 209
　② 連結納税計算 …………………………………… 209

連結納税導入後 ………………………………………………… 212
1 貸借対照表，損益計算書………………………………… 212
2 問題点の解決……………………………………………… 214

第7章　キャッシュ・マネジメント・システム(CMS)の導入

subject 7

解決したい問題
・グループ内余剰資金を効率的に使いたい………………… 218

あがたグループの現状 ………………………………………… 220
1 組織図 ……………………………………………………… 220
2 財務状況（貸借対照表，損益計算書）……………………… 220

問題点の整理 …………………………………………………… 223
1 借入過多，支払利息増 …………………………………… 223

改善策の検討と実行 …………………………………………… 224
1 キャッシュ・マネジメント・システム（CMS）とは ………… 224
　① 概要 …………………………………………………… 224
　② メリット ……………………………………………… 225
　③ 基本的機能 …………………………………………… 226
2 当社への適用─CMSシステムの決定─ ………………… 227

CMS導入後 …………………………………………………… 228
1 貸借対照表，損益計算書 ………………………………… 228
2 問題点の解決─借入過多，支払利息増─ ……………… 230

第8章　子会社の売却

subject 8

<u>解決したい問題</u>
・重点部門に経営資源を集中したい……………………………… 234

あがたグループの現状 …………………………………………… 236

1. 組織図 ………………………………………………………… 236
2. 財務状況（貸借対照表，損益計算書）……………………… 236

問題点の整理 ……………………………………………………… 239

1. 経営資源の分散 ……………………………………………… 239
2. 資金調達 ……………………………………………………… 239
3. 売却益の捻出 ………………………………………………… 239
4. 株式売却割合 ………………………………………………… 240

改善策の検討と実行 ……………………………………………… 241

1. 売却先の決定 ………………………………………………… 241
2. 売却金額の決定 ……………………………………………… 241
3. CMSによるグループ間貸付・借入金の整理 ……………… 242
4. 会計処理 ……………………………………………………… 242
   ① あがたホールディング単体 ……………………………… 242
   ② あがたグループ連結 ……………………………………… 243
5. 税務処理 ……………………………………………………… 244
   ① 設例 ………………………………………………………… 244
   ② 当社への適用 ……………………………………………… 246

子会社株式売却後 ………………………………………………… 250

1. 組織図 ………………………………………………………… 250

| 2 | 貸借対照表、損益計算書 | 250 |
| 3 | 問題点の解決 | 254 |

第9章　移転価格税制

subject 9

解決したい問題
・海外子会社との取引において課税上のリスクをできるだけ排除したい ……………………………… 256

あがたグループの現状 ……………………………… 258
1 組織図 ……………………………… 258

問題点の整理 ……………………………… 259
1 子会社間の取引価格の設定 ……………………………… 259
2 親会社であるあがたホールディングとの取引 ……………………………… 259

改善策の検討と実行 ……………………………… 260
1 移転価格税制とは ……………………………… 260
2 移転価格リスクへの対応策 ……………………………… 262
　① 移転価格ポリシーの策定 ……………………………… 262
　② 文書化（ドキュメンテーション）―ローカルファイルの作成 ……… 265
3 実務上の留意点 ……………………………… 266
　① 海外子会社の利益率が高い場合 ……………………………… 266
　② 海外事業部と経理部の連携強化 ……………………………… 267
　③ 事前確認制度（APA） ……………………………… 268
4 第二の移転価格―海外子会社間取引での寄附金課税の増加 ……… 268
5 業績評価と移転価格税制 ……………………………… 269
6 当社への適用 ……………………………… 270
　① 移転価格ポリシーの策定 ……………………………… 270

② ローカルファイルの作成 …………………………………………… 271
　③ あがたホールディングとの取引 ……………………………………… 271

問題点の解決 ……………………………………………………………… 273

第1部
なぜ、グループ経営なのか

第1章
持株会社の設立

解決したい問題

subject 1
- 事業ごとの損益が把握できない
- 迅速な意思決定ができない
- 従業員が処遇に不満を持っている

あがた商会
あがた社長

Q 弊社は今年で創業して65年になります。私の父である先代が戦地から復員後、戦後の混乱状況がまだ残る1947年に電気部品の製造会社を起こしたのがはじまりです。当初は大変苦労したようですが、朝鮮特需以後何とかやっていけるようになりました。高度経済成長期には電気製品の売上が拡大していましたから、ほぼ電気部品だけでしたが、自動車産業の隆盛に伴い、自動車部品製造にも進出しました。その後、業容が拡大し資金的に余裕ができたことから、1980年に都内に賃貸用ビルを購入し、不動産賃貸事業にも進出したような次第です。

　私の父は発想が柔軟な人間で、会社を成長させるためには、1つの業種にこだわるのではなく、時代の潮流を見ながら、色々な事業を手掛けていこうと考えていました。それで外部の人間から見ると一見脈絡のない事業拡大と思えるものでも、会社の成長のためだと判断すれば思い切って投資してきたのです。

　父は1985年に死亡し、私が経営を引き継ぎましたが、バブル崩壊後円高もあり国内の製造業の採算が悪化しました。そこで、タイに販売子会社を設立し、現在に至っています。

　その結果、現在は電気や自動車などの部品製造事業及び不動産賃貸事業の2つの事業を手掛けています。そして、部品製造事業は国内の本社工場とタイの現地法人の2本柱でやっています。このままの体制でも何とかやっていけそうな気はするのですが、変化の激しいこれからのことを考えると現状の会社形態では限界がくるような気がしてなりません。具体的に申し

上げると、今、次のような悩みを抱えています。

　会社トータルで見れば利益は出ているのですが、事業部ごとの業績にはかなりバラツキがあります。不動産賃貸事業は長期テナント契約であり、安定しています。部品製造事業は折からの円高でかなり苦境にあります。事業ごとの損益は大まかにはわかるのですが、厳密な事業損益を把握できていないのが実情です。また、各事業で設備投資等を行わなければならないのですが、各事業の内容が相当かけ離れているものですから、役員会で話し合っても一向に議論がかみ合わず、迅速な意思決定ができなくて、投資機会を逃してしまう恐れがあります。そして、各事業の業績には差があるのに、同じ会社のために従業員の処遇にうまく反映させることができません。そのことが業績好調部門の従業員には不満を生じさせているようで心配です。

　私としては、これからもこの2つの事業をバラバラにするのではなく、一体感を持たせながら運営していきたいと考えています。会社の統一感を保ちながら、こうした欠点を解決する何かいい方法があるでしょうか。

グローバルコンサルティング
永野公認会計士

A 持株会社を組成し会社を事業別に分割

　今、あがた社長がおっしゃられたようなことはいくつかの異なった事業を持つ中堅企業の多くが抱える悩みだと思います。各事業の独立性を発揮して、事業ごとに成長させながら、一方でグループとしての一体性をどう保つかというところが難しい点です。

　そのための組織形態として持株会社を組成することを提案します。

あがた商会の現状

1 組織図

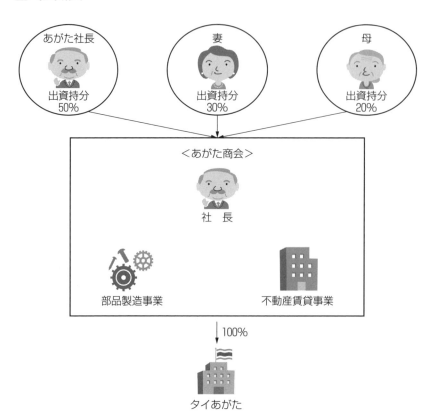

❷ 財務状況（貸借対照表、損益計算書）

【あがた商会】　　　　　　　　　　　　　　　　　　　　　（単位：百万円）

損益計算書	
売上高	8,050
売上原価	6,295
売上総利益	1,755
販管費	1,530
営業利益	225
支払利息	88
税引前当期純利益	137
法人税等	55
当期純利益	82

貸借対照表			
流動資産	3,718	流動負債	1,969
固定資産	2,800	固定負債	1,930
(うち、関係会社株式)	(100)	純資産	2,619
資産計	6,518	負債純資産計	6,518

【タイあがた】　　　　　　　　　　　　　　　　　　　　（単位：百万バーツ）

損益計算書	
売上高	1,800
売上原価	1,510
売上総利益	290
販管費	265
営業利益	25
支払利息	35
税引前当期純利益	△10
法人税等	0
当期純利益	△10

貸借対照表			
流動資産	1,428	流動負債	750
固定資産	200	固定負債	650
		純資産	228
資産計	1,628	負債純資産計	1,628

問題点の整理

❶ 事業別財務状況が不明確
① 事業別損益計算の問題点

　あがた商会では、現在、電気や自動車などの部品製造事業、不動産賃貸事業の2つの事業を手掛けています。前述の財務状況のとおり、会社トータルで見れば利益は出ていますが、事業部ごとの業績にはかなりバラツキが生じています。不動産賃貸事業は長期テナント契約であり、安定しています。部品製造事業は折からの円高でかなり苦境にあります。

　あがた商会の事業別損益計算については、今までかなり丼勘定でやってきていました。先代から引き継いで現在の社長の代になってからもあがた商会は毎年利益を出してきましたし、顧問税理士と相談して節税対策は行っていますが、税金も相応に納めてきました。

　社長の指示でかなり前から事業部門の損益計算書も作り始めましたが、明らかにわかるものだけ事業部門で伝票入力を行っています。売上高や売上原価は明確なので、売上総利益までは事業部ごとに把握できています。それ以外の収益や費用でも、例えば事業部で働いている従業員の給料や製造した部品の運賃などは、どの事業部で発生しているかがわかるため、事業部に分けて伝票入力しています。しかし、事業部に紐付かない役員報酬、本社管理部門の従業員給料や水道光熱費・減価償却費、支払利息、税金などのように、どの事業部で発生しているかわからない、あるいは、共通して発生している収益や費用は、すべて共通という部門で伝票入力を行っています。

　その結果、営業利益が赤字になっていれば儲かっていないのは明確なのですが、損益トントンの場合でも、共通経費を考えれば事業損益は赤字のはずで、部品製造事業はあやしい状況です。その辺りが事業別損益計算書（図表1-1）を見てもよくわからないというのが大きな問題になっています。

図表1-1 現在の事業別損益計算書

事業別損益計算書

(単位：百万円)

	部品製造事業	不動産賃貸事業	共通	合計
売上高	7,000	1,050	—	8,050
売上原価	5,615	680	—	6,295
売上総利益	1,385	370	—	1,755
販売費及び一般管理費	1,300	120	110	1,530
各事業に係る従業員給料	900	120	—	1,020
運賃	400	—	—	400
事業部に紐付かない役員報酬	—	—	50	50
本社管理部門の従業員給料	—	—	50	50
:	:	:	:	:
営業利益	85	250	△110	225
営業外収益	—	—	—	—
営業外費用	—	—	88	88
経常利益	85	250	△198	137
特別利益	—	—	—	—
特別損失	—	—	—	—
税引前当期純利益	85	250	△198	137
法人税等	—	—	55	55
当期純利益	85	250	△253	82

② 投資採算性が不明

あがた商会では明確な事業別損益計算書を作っておらず、また、貸借対照表はすべて共通で入力しているので、事業別には分けられていません。そのため、ROA、ROE、ROIといった財務指標（図表1-2）を事業別に把握できておらず、投資採算性を判断することができていません。

あがた社長は長年の感覚では事業別の状況は大まかに理解していますが、これだけの規模になってくると実際細かい部分ではわからないことが多くなってきています。

部品製造事業で昨年工場の機械装置を入れ替えましたが、高くても耐久性のある機械にするか、それとも定期的に交換する前提で安い機械にするか、いず

図表1-2 基本的な財務指標

名称			内容
ROA	Return On Assets	総資産利益率	・一般的には当期純利益÷総資産×100（%） ・総資産が利益獲得のためにどれだけ有効活用されているかを表す
ROE	Return On Equity	株主資本利益率	・一般的には当期純利益÷株主資本×100（%） ・株主から調達した資金をどれだけ効率的に使っているかを表す
ROI	Return On Investment	投資利益率	・利益÷投資額×100（%） 　便宜的には（営業利益＋減価償却費）÷（株主資本＋有利子負債）×100（%） ・投下した資本がどれだけの利益を生んでいるかを表す

れにするか決定するのに相当時間がかかってしまいました。もう少し事業ごとの投資採算性がわかっていれば、もっと判断は迷わなかったはずです。

③ 事業別戦略が立てにくい

現在の経営体制には隔靴搔痒の感があります。真の事業別損益計算書がよくわからず、事業別貸借対照表がないために事業ごとの投資採算性が判断できないからです。

本来、事業ごとの財務状況を的確に把握して、次の戦略を早めに打っていかなければならないのに、それぞれの事業が儲かっているのかどうかがよくわからない状況では対応策を考えることさえもままなりません。また、昨今の厳しい経済情勢のなかでは、先手先手に次なる対策を打っていくことが重要になってきており、事業ごとの財務状況を的確につかむこともさることながら、タイムリーに把握するということが必要不可欠になってきています。

本当に儲かっているのがどの部門なのかがわからなければ、社長としては今後の経営戦略は描けません。どの事業を伸ばしどの事業を圧縮するかを決断するためには、上場会社のみならず非上場会社においても、事業ごとの財務状況をタイムリーにかつ的確に把握することがまずもって重要なことです。

2 役員会の機能不全

　あがた商会では各事業で設備投資等を行わなければなりませんが、各事業の内容が相当かけ離れているため、役員会で話し合っても一向に議論がかみ合いません。1つの投資意思決定をするにも数か月かけて話し合わないと決められない状況で、役員会が実質的な意思決定機関として機能していません。

　先日も部品製造事業の倉庫を建て替えるか、それとも、不動産賃貸事業の事業用土地を取得するか、いずれを優先するかという議論になりましたが、部品製造事業と不動産賃貸事業のリーダーたる役員がそれぞれ自分の事業を優先してくれとの主張を繰り返すばかりで、結局結論は先送りになってしまいました。最近は、事業部間の利害対立が段々と激しくなってきています。

　そうかと思うと、意見が全く出ずに無言で承認されてしまうときもあります。現在のあがた商会の役員会はその場の雰囲気で決定がなされており、合理的な意思決定になっていません。

　意思決定が遅れてしまったり、全社的に見ると優先順位の低い投資を行ってしまったりしていて、現状のままでは競争力を失ってしまう恐れがあります。今後はM&Aによる事業構造改革も進めていかなければなりません。それと同時に、部品製造事業をどのように立て直すべきか、不動産事業について賃貸事業以外の分野にも進出していくべきかどうかなど、リスクを分散していきながら、会社としての将来戦略を描いていかなければ、生き残りが厳しい時代になってきています。本来全社が一丸となって迅速な意思決定を行って、経営スピードを上げなければならないときなのに、それができていないという大きな問題を抱えています。

図表1-3　役員会の機能不全

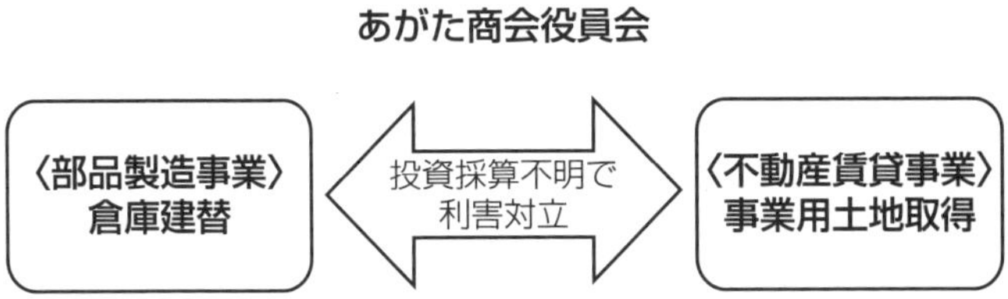

あがた商会役員会

〈部品製造事業〉倉庫建替 ⇔ 投資採算不明で利害対立 ⇔ 〈不動産賃貸事業〉事業用土地取得

図表 1-4 あがた商会の現状

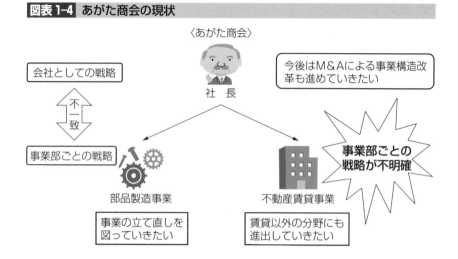

3 従業員の処遇

　現状、あがた商会では同じ会社であるために給与やボーナスは一律の体系を取っています。

　給与は以前に作成した給与テーブルに則っていて、部品製造事業が好調で年齢が上がればそれだけ技術も身につき会社の戦力になってくれるという想定のもとで、年齢や勤続年数が上がれば少しずつ増えていく仕組みにしていました。ボーナスについても、営業成績よりは年齢や勤続年数に重きを置いていて、どの事業部にいても同じぐらいの年齢や勤続年数であれば、ほぼ同一の水準が出るようになっています。

　人事ローテーションについてはほとんどやったことがなく、基本的に同じ事業部で上のポストが空くと下から補充するという形でやっています。さらに、人事評価制度の仕組み自体も数年前に作成して、半年ごとに直属の上司が部下の評価を行う仕組みにはなっています。それがボーナスや人事には明確に結びついていないことから、最近ではマンネリ化してしまっていて、毎回同じようなことを書いてくるものが大多数になってしまっているような状況です。

　前述のとおり、現状は各事業の業績に差が出てしまっていて、業績好調な部

門と業績不調な部門があります。業績好調な部門の従業員は、自分達は会社に利益をもたらしているのに、なぜ給与やボーナスが上がらないのかと不満をもちはじめているようです。

他方、業績不調な部門では、会社が利益を出せているのだから、そんなに頑張らなくても給与やボーナスは減らされないと思っているようで、営業活動を頑張ろうとか、品質管理を向上させようという意欲に欠けてしまっている状況です。

1つの会社であるがゆえに、人事評価制度や給与規程を分けることもなかなか難しく、非常に頭の痛い問題となっています。

図表1-5 従業員の処遇

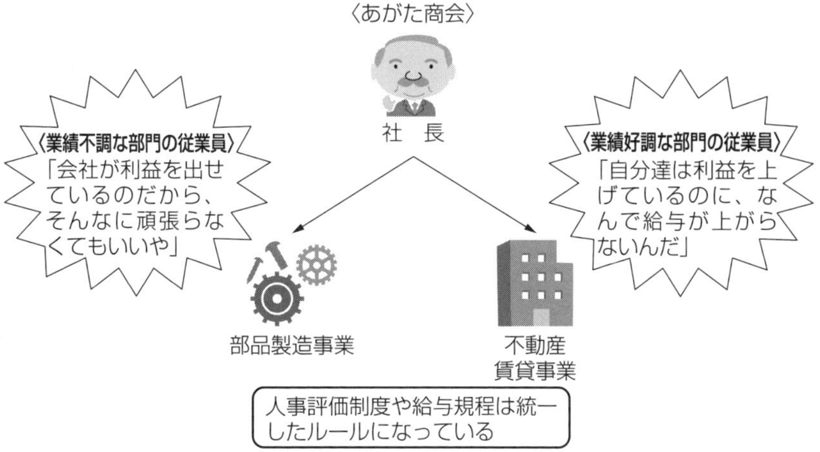

〈あがた商会〉
社　長

〈業績不調な部門の従業員〉
「会社が利益を出せているのだから、そんなに頑張らなくてもいいや」

〈業績好調な部門の従業員〉
「自分達は利益を上げているのに、なんで給与が上がらないんだ」

部品製造事業　　不動産賃貸事業

人事評価制度や給与規程は統一したルールになっている

4 後継者問題

　後継者問題も悩みの種です。後継者を誰にするのか、単純に息子に継がせていいものかどうか、非常に悩み深いところです。通常であれば、息子に継がせるのが順当なのでしょうが、正直経営者としてやっていけるかどうかは未知数で、社内の納得感が得られるかまだわかりません。その他にも、少しは後継者と目される候補者がいますが、その者達の手腕も現段階では読めていません。

　今後の会社のことを考えると、的確に経営判断できる人間を後継者にしたいと考えており、その機会をどのように作っていくべきかが課題となっています。

改善策の検討と実行

　上記の問題点を解消するために、持株会社制度の導入を検討することにしました。そこで、持株会社の内容について説明します。

❶ 持株会社とは
① 概要
　株式会社においては、会社の基本方針や重要事項は、会社の最高意思決定機関である株主総会の決議によって決定されます。したがって、他の会社の株式を大量に保有すれば、その他社の事業活動を支配することができ、そのような会社を持株会社（ホールディングカンパニー）といいます。持株会社には事業持株会社と純粋持株会社の2種類があります。

　事業持株会社とは、親会社が本業を行う一方で、他の会社を支配して子会社に新規事業や周辺事業等を行わせる形式の会社をいいます。

　これに対して、純粋持株会社とは、他の会社の株式を大量に保有することにより、その他社の事業活動を支配することを本業とする会社をいいます。一般に持株会社というと、この純粋持株会社のことを指します。本書でも以降持株会社＝純粋持株会社として記載します。

　今回あがた商会に適用しようと考えている持株会社は純粋持株会社になります。

② メリット
　持株会社を設立することによって、社内の各部門をそれぞれ独立した会社にすることが可能になりますが、それとともに持株会社への移行は経営構造を根本から変えることとなります。したがって、持株会社のメリット・デメリットを吟味したうえで意思決定を行うことが重要です。

　持株会社のメリットとしては、以下のようなものがあります。

A　戦略と事業の分離

持株会社化し、社内の各部門をそれぞれ独立した事業子会社とすることによって、親会社たる持株会社は、ある特定の部門の利益にとらわれない、グループ経営の戦略的な本社とすることが可能になります。事業子会社では担当する事業を推進するための自立性を高めることができ、コスト意識や経営意識を高めることができます。

B　権限と責任の明確化

持株会社へ移行することによって、事業子会社へ担当する事業の権限と責任を委譲しやすくなります。事業子会社では自立した会社としての独立採算の経営が求められます。そのため、中堅幹部に経営としてのポストを用意できることによって、中堅幹部のやる気・やりがいを高めることができます。ただし、持株会社と事業子会社のそれぞれの権限と責任の範囲を明確化しておかないと、かえって経営スピードを遅らせることになりかねないため、その点では注意が必要です。

また、後継者対策として、後継者候補である子息を事業子会社のトップに据えて会社経営の経験を積ませるといった方法もあります。

C　事業構造改革のスピードアップ

持株会社化すると他の企業の買収や不採算事業の売却がしやすくなります。対外的にもM&Aに積極的な会社であるということのアピールにつながります。

従来の本業たるビジネスが成熟しつつあるなかで事業領域の転換を図る必要がある場合、新規事業の立ち上げがしやすいというメリットがあります。新規事業にはリスクが伴いますが、そのリスクがグループ全体に及ばないように遮断することができます。

D　柔軟な人事制度の採用

1つの会社で複数の部門がある場合には、部門ごとに異なる人事制度を導入するのはなかなか難しいことですが、持株会社化しそれぞれ独立した事業子会社となった場合には、それぞれの会社ごとに年齢構成、給与体系、勤務時間、

休日のとり方などを検討して、その会社の実態に応じた人事制度を導入することができるようになります。また、各社の業績を給与体系に反映させることが可能になります。

E　経営統合の手段

社風や歴史、従業員の気質などが異なる会社が合併して1つの会社になるにはいろいろと困難が生じます。異なる企業グループが統合する場合、最近では合併よりも持株会社を通じた統合の方が一般的になりつつあります。設立までに時間を要しないこと、本格的な融合を図るまでの時間を確保できることなどから、持株会社の下に両社を並存させた後、第二、第三の再編を行うケースが見られます。

③　デメリット

これに対して、持株会社のデメリットとしては、以下のようなものがあります。

A　グループ経営の求心力の低下

持株会社化は事業子会社に自立した独立採算の経営を求めます。そのため、親会社に対する企業グループの経営の求心力を低下させることにつながります。

> 企業グループの経営の求心力を低下させないためには、持株会社と事業子会社の権限と責任の範囲の明確化や、企業グループを束ねる経営理念や経営ビジョンを明確に示していくことが必要であると考えられます。

B　グループの全体像がつかみにくい

持株会社化すると事業子会社の財政状態、経営成績は明確になる反面、企業グループ全体の財政状態、経営成績はつかみにくくなります。

> 解決策として連結決算の導入が考えられます。また、グループ経営を進めていくときに連結管理会計が求められてきます。連結決算の導入については第4章で、連結管理会計の導入については第5章で説明します。

C　税額の増加

1つの会社であれば、各事業の損益が通算されて税金を納めることができます。しかし、持株会社化により事業子会社ごとに税金を納めるようになると、ある事業子会社の損失とある事業子会社の利益は通算されませんので、グループ全体では税額が増加してしまいます。

> 解決策として連結納税の導入が考えられます。連結納税の導入については第6章で説明します。

D　借入金、支払利息の増加

1つの会社であれば、各事業に必要な借入は資金余剰がある事業の現金預金を差し引いた後の金額をベースにすることができます。しかし、持株会社化により事業子会社ごとに必要な借入を行うようになると、他の事業子会社の現金預金とは相殺することができませんので、グループ全体では借入金、支払利息が増加してしまいます。

> 解決策としてキャッシュ・マネジメント・システム（CMS）の導入が考えられます。キャッシュ・マネジメント・システム（CMS）の導入は第7章で説明します。

E　間接経費のアップ

持株会社化により、各事業子会社に管理部門が置かれることになります。そうすると、間接経費がアップする可能性があります。

> この点は持株会社化による事業子会社の業績拡大でカバーしていく必要があります。

図表1-6　メリットとデメリット

メリット	デメリット
① 戦略と事業の分離	① グループ経営の求心力の低下
② 権限と責任の明確化	② グループの全体像がつかみにくい
③ 事業構造改革のスピードアップ	③ 税額の増加
④ 柔軟な人事制度の採用	④ 借入金、支払利息の増加
⑤ 経営統合の手段	⑤ 間接経費のアップ

④　採用の検討

　持株会社制度を採用すれば、そのメリットを見ればわかるとおり、現在あがた商会が抱えているほとんどの課題を解決することができます。一方、持株会社には確かに上記のようなデメリットもあります。ただ、長年あがた商会の経営を担ってきた現社長の下であれば、企業グループの求心力は維持できること、また多くのデメリットは第4章以降で説明するような対策を取ることにより、解決可能であることから、持株会社制度を採用することとしました。

2　新設会社分割とは

　あがた商会で持株会社を作るには、「新設会社分割」という手法によります。そこで、新設会社分割（以下「新設分割」といいます）について説明します。

①　概要

　新設分割とは、1つ又は2つ以上の株式会社又は合同会社がその事業に関して有する権利義務の全部又は一部を、分割により設立する会社に承継させることをいいます。新設分割により設立する会社を新設分割設立会社（以下「子会社」といいます）、新設分割をする会社を新設分割会社（以下「親会社」といいます）といいます。

　親会社が子会社を設立し、親会社の事業の権利義務の全部又は一部を子会社に承継させて、子会社が発行する株式を親会社に割り当てます。権利義務の全部を承継させれば、親会社は直接事業を行わない完全な持株会社となります。

これに対して、権利義務の一部を承継させれば、親会社は子会社を傘下に置く事業持株会社となります。

この方法を利用すると、親会社が複数の事業を行っている場合、それぞれの事業を別々の子会社に承継させることが可能です。具体的には図表1-7のような形式になります。

新設分割を用いた手法によると、次のようなメリットがあります。

▶新たな資金が不要である

支配株式の取得に際して新たな資金を必要とせず、株式の移動だけで済みます。

▶検査役調査が不要である

現物出資の場合には会社法上検査役調査が必要とされていますが、新設分割の場合には要求されていません。

▶組織再編税制の適用

会社分割が適格組織再編成に該当する場合、課税関係が生じないようにされています。

▶適切な手続終了後は完全親子会社関係を構築できる

新設分割の手続には原則として株主総会の特別決議が必要です。可決された

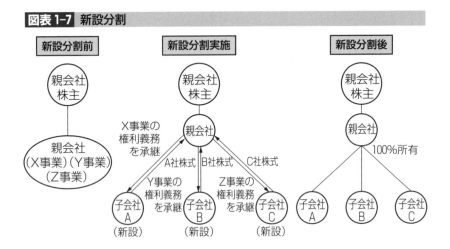

図表1-7 新設分割

ときは反対株主の買取請求権が発生しますが、適切な手続終了後は完全親子会社関係を構築することができます。

② **法律的手続**

一般的に取締役会設置会社である株式会社の場合、図表1-8のような法律的手続を経ることになります。

A　新設分割計画の作成・取締役会承認

会社が新設分割をする場合、新設分割計画を作成し、取締役会設置会社にお

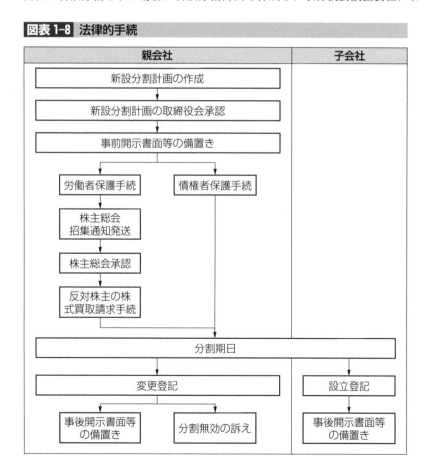

図表1-8 法律的手続

いては当該行為は重要な業務執行であるため、取締役会の決議が必要です。

新設分割計画には、子会社の目的、商号、本店の所在地及び発行可能株式総数、子会社が新設分割により親会社から承継する資産、債務、雇用契約その他の権利義務に関する事項、子会社が新設分割に際して親会社に対して交付するその事業に関する権利義務の全部又は一部に代わる当該子会社の株式の数又はその数の算定方法並びに当該子会社の資本金及び準備金の額に関する事項など、少なくとも会社法763条に掲げられている事項を記載しなければなりません。

B　事前開示書面等の備置き

会社分割は会社の財産等に重要な影響を与えるため、親会社は新設分割計画備置開始日から子会社成立後6か月を経過する日まで、新設分割計画等法律で定められた書面等を本店に備え置かなければなりません。

C　株主総会招集通知発送・株主総会承認

親会社は事前に株主総会招集通知を発送したうえで、原則として株主総会の特別決議によって、新設分割計画の承認を受けなければなりません。

なお、重要性の低い会社分割まで株主総会の承認を必要とすると、親会社の負担が重くなり、機動的な組織再編ができなくなるため、新設分割により子会社に承継させる資産の帳簿価額の合計額が親会社の総資産額の5分の1（これを下回る割合を定款で定めた場合には、その割合）を超えない場合には、株主総会の決議を要しないとしています。これを簡易新設分割といいます。

D　反対株主の株式買取請求手続

新設分割をするための株主総会に先立って新設分割に反対する旨を親会社に対し通知し、かつ、その株主総会において新設分割に反対した株主、又は、株主総会において議決権を行使することができない株主は、親会社に対し、自己の有する株式を公正な価格で買い取ることを請求することができます。なお、親会社は新設分割計画承認の株主総会決議日から2週間以内に、その株主に対して新設分割をする旨、子会社の商号・住所を株主に通知するか、公告する必要があります。

E　債権者保護手続

債務が子会社に承継されることにより新設分割後に親会社に対して債務の履行を請求することができなくなる親会社の債権者は、親会社に対し、新設分割について異議を述べることができます。

F　分割期日

子会社はその設立の日に、新設分割計画の定めに従い、親会社の権利義務を承継します。親会社は子会社の成立の日に、新設分割計画の定めに従い、子会社の株主となります。

G　新設分割の登記

親会社は所定の日から2週間以内に、その本店の所在地において、変更の登記をし、子会社については設立の登記をしなければなりません。

H　事後開示書面等の備置き

親会社及び子会社は、子会社の成立の日後遅滞なく、子会社が親会社から承継した重要な権利義務に関する事項等所定の事項を記載した書面等を作成し、子会社の成立の日から6か月間それぞれの本店に備え置かなければなりません。

I　分割無効の訴え

分割期日から6か月以内に、その分割期日における親会社の株主等や新設分割について承認をしなかった債権者等所定の者は、分割無効の訴えを提起することができます。

③　労働者保護手続

会社分割は承継される事業に従事する労働者に影響を及ぼすため、労働者の保護を目的に「会社分割に伴う労働契約の承継等に関する法律」が定められています。会社分割にあたって従業員を転籍させる場合には、労働者との事前協議が必要です。また、会社は会社分割に基づく転籍予定従業員に対して、事前通知義務があります。その事前通知は会社分割を承認する株主総会の日の2週間前の前日までに行わなければなりません。なお、労働者の転籍に関する異議申立権の有無は、当該従業員の分割直前の在籍部門における分割事業の従事状

況に応じ、図表1-9のように定められています。

図表1-9　労働者保護手続

分割直前の在籍部門における分割事業の従事状況

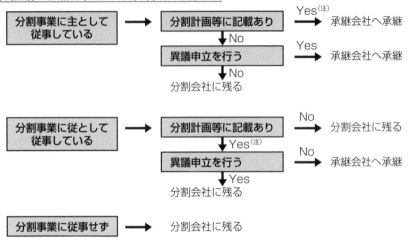

（注）　平成28年9月の法律改正により、通知や労働者との個別協議等の手続を省略することができなくなっている点等に注意が必要です。

④　会計処理

　企業結合の会計処理については、「企業結合に関する会計基準」において、取得・共同支配企業の形成・共通支配下の取引等の3つの態様別に会計処理を定めています（図表1-10）。

　このうち、結合当事企業（又は事業）のすべてが、企業結合の前後で同一の株主により最終的に支配され、かつ、その支配が一時的ではない場合の企業結合を、「共通支配下の取引」といいます。今回のような新設分割による子会社の設立については、企業結合に該当しない取引ですが、親会社の立場からは企業集団内における純資産等の移転取引であると考えられることから、共通支配下の取引に係る会計処理に準じて処理するのが適当とされています。

図表1-10 企業結合の会計処理

態様	内容	会計処理	
① 取得	ある企業が他の企業又は企業を構成する事業に対する支配を獲得すること	資産及び負債は時価で引継ぎ、取得原価との差額をのれん又は負ののれんとして処理する	
② 共同支配企業の形成	複数の独立した企業が契約等に基づき、当該共同支配企業を形成する企業結合	資産及び負債は適正な簿価で引き継ぐ	
③ 共通支配下の取引等	結合当事企業(又は事業)のすべてが、企業結合の前後で同一の株主により最終的に支配され、かつ、その支配が一時的ではない場合の企業結合	資産及び負債は適正な簿価で引き継ぐ	⇒今回採用する会計処理

A 親会社の会計処理

　単独新設分割により子会社を設立した場合の親会社の会計処理は、当該会社分割により移転損益は生じさせず、親会社が会社分割により取得する子会社株式の取得原価は、移転事業に係る株主資本相当額に基づいて算定します。なお、移転事業に係る株主資本相当額がマイナスの場合には、当該マイナスの金額を「組織再編により生じた株式の特別勘定」等、適切な科目をもって負債に計上します。また、会社分割に要した支出額は、発生時の事業年度の費用として会計処理します。

　具体的には以下のような会計処理となります。なお、繰延税金資産及び繰延税金負債を計上している場合には別途留意が必要です。

(借)子 会 社 株 式　　×××　(貸)移転した諸資産(簿価)　×××
移転した諸負債(簿価)　×××

B　子会社の会計処理

　子会社が親会社から受け入れる資産・負債は、分割期日の前日に付された適正な帳簿価額により計上します。

　増加すべき株主資本の会計処理については、移転事業に係る評価・換算差額等を引き継ぐとともに、移転事業に係る株主資本相当額は払込資本（資本金又は資本剰余金）として処理します。増加すべき払込資本の内訳項目（資本金、資本準備金又はその他資本剰余金）は、会社法の規定に基づき決定します。なお、移転事業に係る株主資本相当額がマイナスとなる場合には、払込資本をゼロとし、その他利益剰余金のマイナスとして処理します。また、会社分割に要した支出額は、発生時の事業年度の費用として会計処理します。

（借） 受け入れた諸資産（簿価）　×××	**（貸）** 受け入れた諸負債（簿価）　×××	
	払　込　資　本(注)　×××	

（注）　新設分割計画の定めに従い、資本金、資本準備金又はその他資本剰余金として処理します。

⑤　税務処理

　組織再編成に関する税務については、わが国の経済社会の構造変化に対応し、企業活動の多様化、複雑化に対応する税制として、組織再編成全般に整合性のある取扱いとなるよう、統一的で体系的な組織再編税制が整備されています。具体的には、資産が移転する際にはその移転資産の譲渡損益に課税するのが原則ですが、今回のように100％関係の法人間で行う組織再編成で100％親子関係が継続し、親会社に子会社株式のみの交付をする場合には、課税が繰り延べられることになります。これを適格組織再編成といい、会社分割の場合には適格分割といいます。

A　親会社の税務処理

　適格分割により親会社が子会社に移転した資産・負債の譲渡価額は、分割直前の親会社の帳簿価額によることとされています。

　また、適格分割により親会社が交付を受ける子会社株式の取得価額は、分割

により移転する資産の帳簿価額から移転する負債の帳簿価額を減算した金額（移転簿価純資産価額）とされます。ここでいう帳簿価額は税務上の帳簿価額であり、減価償却超過額等の税務否認額がある資産・負債についてはそれらを調整した金額です。なお、親会社においては、資本金等の額及び利益積立金額の減少はありません。

(借) 子 会 社 株 式	×××	(貸) 移転した諸資産（税務簿価）	×××
移転した諸負債（税務簿価）	×××		

したがって、会計上の帳簿価額と税務上の帳簿価額が一致していれば、会計と税務は結果的に同じ処理になります。

B 子会社の税務処理

適格分割により親会社が子会社に移転した資産・負債の譲渡価額は、分割直前の親会社の帳簿価額によることとされており、その取得に要した費用がある場合には、その費用の額を加算します。なお、親会社に欠損金があった場合、その欠損金を子会社へ引き継ぐことは認められません。

また、資本金は設立時の資本金額によることとなり、資本金等の額の増加額は、分割により移転を受けた資産の分割直前の親会社の帳簿価額から移転を受けた負債の分割直前の親会社の帳簿価額を減算した金額によることになります。利益積立金額を引き継ぐことはできないため、利益積立金額の増加はありません。なお、移転簿価純資産価額がマイナスの場合には、マイナスの資本金等の額になります。

(借) 受け入れた諸資産（税務簿価）	×××	(貸) 受け入れた諸負債（税務簿価）	×××
		資 本 金 等 の 額	×××

C 不動産取得税

実務上留意すべき点は、不動産の移転が含まれている場合の不動産取得税の取扱いです。原則として不動産取得税は課税されますが、一定の要件に該当する場合は非課税になります。非課税要件は以下のとおりです。

▶分割対価資産が子会社株式のみであること
▶主要な資産・負債が子会社に移転していること
▶分割事業が子会社において引き続き営まれることが見込まれていること
▶分割事業に係る従業者のうち、その総数の概ね80％以上に相当する数の者が子会社の業務に従事することが見込まれていること

3 当社への適用

　新設分割による持株会社の設立を当社にどのように適用したのかを説明します。

① 事業及び従業員の分割

　事業と従業員をどのように分けるかを検討しました。幸いにもそれぞれの事業ごとに1事業部としているため、1事業部を1つの会社として切り出すことにしました。すなわち、従来の部品製造事業部はあがた部品、不動産事業部はあがた不動産に分割します。それぞれの事業部長を各事業子会社の社長に据えることにし、各部のリーダークラスを役員に据えることにしました。各事業子会社の管理部門については、従来から営業部の下に事業管理課を置いていたことから、事業管理課のスタッフや各部の事務担当者を各事業子会社の管理部門のスタッフにすることにしました。これだけでは人が足りず、また人事総務や情報システムを知っているスタッフが不足していることから、従来の会社の人事総務部・財務経理部・情報システム部のスタッフを1名ずつ各事業子会社に異動させ、残りの不足要員については外部から新たに採用することにしました。
　各事業部で主として従事している従業員及び人事総務部・財務経理部・情報システム部のうち今回異動対象となった従業員は、今回の会社分割により転籍をさせるため、労働者との事前協議を行いました。また、各事業部で主として従事している従業員及び人事総務部・財務経理部・情報システム部のうち今回異動対象となった従業員について分割計画書に子会社に転籍する旨を記載しました。さらに、子会社に転籍予定の従業員に対して、会社分割を承認する株主

総会の日の2週間前の日の前日までに事前通知を行いました。法律上、転籍予定従業員から同意書を取ることまでは求められていませんが、今回転籍予定従業員から同意書を取りました。人事総務部・財務経理部・情報システム部のうち今回異動対象となった従業員からは異議の申立てもありませんでした。その結果、予定どおり転籍予定従業員を子会社に承継させることができました。

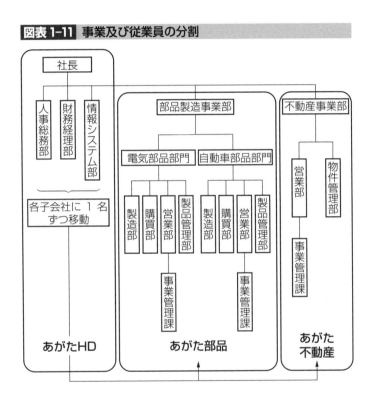

図表1-11 事業及び従業員の分割

② 資産・負債の分割

当社の現状の財務状況は7ページの**2**のとおりです。当社では事業別貸借対照表を作成していませんでした。そこで、今回の会社分割にあたって、あがたホールディング・あがた部品・あがた不動産の3つに資産・負債を分けなければなりません。

まずは、貸借対照表の各勘定科目の内訳を整理します。内訳が整理できたら、どの会社に承継するかを決めていきます。売上債権、たな卸資産、貸倒引当金、有形固定資産、無形固定資産、投資その他の資産、仕入債務その他を発生している事業ごとにあがた部品・あがた不動産に振り分けました。また、退職給付引当金については、子会社に承継される従業員に従ってそれぞれの会社の残高を振り分けました。さらに、借入金については設備投資見合の借入金残高と運転資金見合の借入金残高を算定するとともに、現金預金についても各事業部で管理している預金口座をベースにして、それぞれの会社に振り分けました。なお、あがた商会の100％子会社であったタイあがたについては、関係会社株式100百万円をあがたホールディングが保有することとし、あがたホールディングの100％子会社としました。

それぞれの会社に振り分けをした結果は、図表1-12のとおりです。

図表1-12 資産・負債の分割

(単位：百万円)

	あがた商会		あがたHD	あがた部品	あがた不動産
資産の部					
流動資産	3,718		610	2,495	613
現金預金	1,633		610	450	573
売上債権	1,185		－	1,145	40
たな卸資産	950		－	950	－
貸倒引当金	(50)		－	(50)	－
固定資産	2,800		100	1,150	1,550
[うち、関係会社株式]	[100]		[100]	[－]	[－]
資産合計	6,518		710	3,645	2,163
負債の部					
流動負債	(1,969)		－	(1,919)	(50)
仕入債務	(1,969)		－	(1,919)	(50)
固定負債	(1,930)		(10)	(800)	(1,120)
長期借入金	(1,800)		－	(700)	(1,100)
退職給付引当金	(130)		(10)	(100)	(20)
負債合計	(3,899)		(10)	(2,719)	(1,170)

(注)（　）は貸方を表します。

次に、移転事業に係る株主資本相当額は払込資本(資本金又は資本剰余金)として処理します。子会社の資本金及び資本剰余金の額は、株主資本等変動額の範囲内で、親会社が新設分割計画の定めに従いそれぞれ定めた額とし、利益剰余金の額はゼロとします。

当社では資本金を1億円とし、残りの金額を資本剰余金とすることにしました。

したがって、子会社であるあがた部品、あがた不動産、2社それぞれの会計処理は、以下のとおりとなります。

【あがた部品】

(単位:百万円)

(借) 受け入れた諸資産	3,645	(貸) 受け入れた諸負債	2,719
		資 本 金	100
		資 本 剰 余 金	826

【あがた不動産】

(借) 受け入れた諸資産	2,163	(貸) 受け入れた諸負債	1,170
		資 本 金	100
		資 本 剰 余 金	893

これに対して、親会社であるあがたホールディングの会計処理は、以下のとおりとなります。

【あがた部品へ移転した会計処理】

(単位:百万円)

(借) 子 会 社 株 式	926	(貸) 移転した諸資産	3,645
移転した諸負債	2,719		

【あがた不動産へ移転した会計処理】

| （借）子 会 社 株 式 | 993 | （貸）移転した諸資産 | 2,163 |
| 移転した諸負債 | 1,170 | | |

　資産・負債を子会社へ移転する代わりに、各子会社の株式を取得します。
　なお、税務処理についても、適格分割に該当するため、移転損益は発生せず、税務上の帳簿価額で引き継ぐことになります。不動産取得税についても、当社では前述の要件をクリアさせて、不動産取得税がかからないようスキームを立案しました。

③　許認可関係の整理

　会社分割を行う際に注意しなければならないのは許認可関係の引継ぎです。当社では幸いにも不動産賃貸事業で宅地建物取引業の許認可がある程度で、スムーズに移転ができました。しかし、例えば、建設業や旅館業、バス・タクシー会社等手続に手間がかかるケースもあることから、スキーム立案時に根拠法令と手続方法の確認が必要です。

第1章 持株会社の設立

あがたホールディングの誕生

1 組織図、貸借対照表

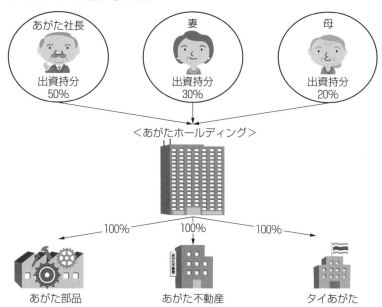

【あがたホールディング】　　　（単位：百万円）

貸借対照表

流動資産	610	流動負債	—
固定資産	2,019	固定負債	10
(うち、関係会社株式)	(2,019)	純資産	2,619
資産計	2,629	負債純資産計	2,629

【あがた部品】

貸借対照表

流動資産	2,495	流動負債	1,919
固定資産	1,150	固定負債	800
		純資産	926
資産計	3,645	負債純資産計	3,645

【あがた不動産】

貸借対照表

流動資産	613	流動負債	50
固定資産	1,550	固定負債	1,120
		純資産	993
資産計	2,163	負債純資産計	2,163

【タイあがた】　　　　　　　　（単位：百万バーツ）

貸借対照表

流動資産	1,428	流動負債	750
固定資産	200	固定負債	650
		純資産	228
資産計	1,628	負債純資産計	1,628

2 親会社

　会社分割の結果、今までのあがた商会は持株会社となったので、あがたホールディングに商号変更しました。あがたホールディングはグループ全体の経営戦略の要として機能するよう、定款の主な目的をグループ全体の経営戦略の策定及び実行管理、グループ事業の統括管理、新規事業の企画開発に変更しました。

　組織図については、まず、取締役会のメンバー構成を社長、ホールディングの常勤役員、各事業子会社の社長（非常勤役員）、監査役とし、1か月に1回定時取締役会を開催するとともに、必要に応じて臨時取締役会を開催できるように変更しました。また、ホールディングの役員、ホールディング各部の部長、各事業子会社の役員で構成する「グループ経営会議」を新設し、毎週月曜日の午前中に会議を行うことにしました。なお、問題に応じて小委員会を設置できる規定にし、諸問題に臨機応変に対応できるようにしました。さらに、グループの経営戦略を担い、グループ経営会議の事務局ともなる「経営企画部」を新設しました。

　持株会社化に際し、まず経営企画部で行ったのは、グループ経営理念とグル

ープ行動指針の策定と、グループに属するすべてのメンバーに対しての周知徹底です。また、持株会社と事業子会社の権限と責任を明確化するため、各種規程の整備を行いました。さらに、ブランドの統一化を図るため、グループのブランドマークを決定しました。

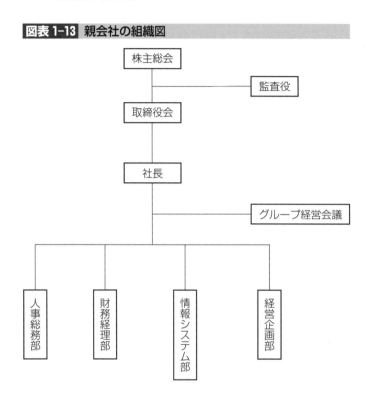

図表1-13 親会社の組織図

3 子会社

持株会社への移行に伴い、あがたホールディングのもとに、電気部品と自動車部品を製造販売するあがた部品及び海外で販売するタイあがた、不動産賃貸事業を行うあがた不動産の3つの100％子会社ができました。

各事業子会社には担当する事業を推進する会社として、従来の事業部長を代表取締役、各部の部長を取締役に据え、監査役にあがたホールディングの経営

企画部長を置くようにしました。

また、各事業子会社で最初に行ったのは、就業規則や給与規程、人事評価制度等の見直しです。従来は同じ会社であるために給与やボーナスは一律の体系を取っていました。しかし、それぞれの会社に分けたことで、各事業子会社の実態に合わせた規程や人事評価制度が整備できるようになりました。従業員のやる気を起こさせる仕組み作りを第一に手がけました。

4 問題点の解決

① 事業別財務状況が不明確

持株会社化に伴い、あがた商会はあがたホールディング、あがた部品、あがた不動産の3つに分かれました。

その結果、会社ごとに当期純利益まで分割することになり、事業ごとの損益計算書が作成できるようになりました。事業別に分けることが難しかった収益・費用も明確に分けられ、それぞれの損益状況が一目でわかるようになりました。また、損益計算書だけでなく、貸借対照表も分かれたため、各社ごとのROA、ROE、ROIといった財務指標を計算することができるようになりました。

② 役員会の機能不全

あがた商会では各事業の内容が相当かけ離れていたため、役員会で話し合っても一向に議論がかみ合いませんでした。

今回持株会社化した結果、各事業子会社の取締役会に実質的な投資の意思決定を担わせるようにし、自分達の事業に関して迅速な意思決定ができるようになりました。これに対して、親会社であるあがたホールディングでは、グループ全体の意思決定に集中し、戦略と事業の分離を図ることができるようになりました。社長は最近、今まで停滞していた経営スピードが少しずつ速くなってきたのではないかと感じています。

③ 従業員の処遇

あがた商会では同じ会社であるために給与やボーナスは一律の体系を取っていたので、業績好調な部門の従業員にとっても、業績不調な部門の従業員にとっても、モチベーションが上がらない状況になっていました。

今回の持株会社化の結果、それぞれの会社で実態に合った給与体系や人事評価制度を取れるようになりました。また、各会社の財務状況が明確になったため、自分達の会社をなんとかしなければ給与やボーナスも増えないという意識になってきたようです。業績好調な部門はさらに成長するためにはどうしたらよいか、業績不調な部門はどうしたら改善できるかを真剣に考えるようになってきました。

④ 後継者問題

社長にとって、後継者を誰にするのか、単純に息子に継がせていいものかどうか、最近真剣に考え始めてきたところでした。

今回の持株会社化に伴い、息子にはあがた部品の社長を任せました。まだはじまったばかりで、息子が経営者としてやっていけるかはこれからですが、息子以外にも後継者と目される候補者を事業子会社の社長や取締役に就かせることで、これからどんな力量を発揮してくれるか楽しみになってきたところです。各事業子会社で経験を積ませた後は、親会社の役員としてグループ全体を見させることも可能になりました。

第2章

M&Aでグループ拡大

解決したい問題

subject 2
・会社を拡大させたい
・M&Aをどのように進めればいいのか

Q 私が経営を引き継いでから30年近く経ちました。部品製造事業と不動産賃貸事業だけでは発展性がないように感じており、かねてチャンスがあれば、新事業に進出したいと考えていました。

先般、ソフトウェア開発を行っている友人から、会社を売りたいとの相談を受けました。当初、友人は買ってくれるような会社なり人を紹介してくれと

あがたホールディング
あがた社長

いうことでした。しかし、その会社を研究してみると、面白そうな会社であることや、弊社の部品製造事業向けにソフトウェア開発を行うなどのシナジー効果も見込めそうなので、今後の事業展開を考えると、あがたホールディングで買うのがいいのではないかと思っています。

今まで、会社を買収したことがなく、いくらで買ったらいいのか、事前にどんな準備をしたらいいのかなど、よくわかりません。会社買収の手続や価格の妥当性の判断などを教えてください。

グローバルコンサルティング
永野公認会計士

A M&Aによりグループを拡大

　他の会社を買収したり、合併したりすることをM&Aといいます。会社を拡大する手法には、自ら成長して規模を拡大する方法と既にできあがった会社を買収するM&Aがあります。自ら成長するには時間がかかりますが、M&Aはてっとり早く拡大できますから、非常に有効な会社拡大の手法です。ただ、それだけに買収価格の評価とか手続等は慎重に行わなければなりません。先般、組織再編を行い、持株会社を作ったことから、M&Aは行いやすい環境になっています。そこで、M&A手続について説明します。

第1部 なぜ、グループ経営なのか

あがたグループの現状

1 組織図

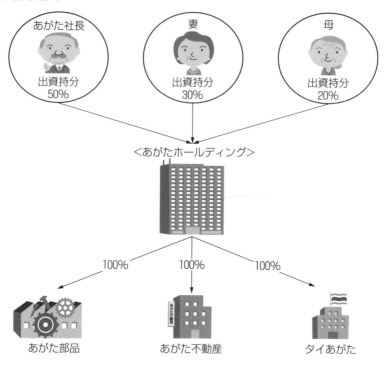

2 財務状況

【あがたホールディング】　（単位：百万円）

貸借対照表

流動資産	610	流動負債	—
固定資産	2,019	固定負債	10
（うち、関係会社株式）	(2,019)	純資産	2,619
資産計	2,629	負債純資産計	2,629

【あがた部品】

貸借対照表

流動資産	2,495	流動負債	1,919
固定資産	1,150	固定負債	800
		純資産	926
資産計	3,645	負債純資産計	3,645

【あがた不動産】

貸借対照表

流動資産	613	流動負債	50
固定資産	1,550	固定負債	1,120
		純資産	993
資産計	2,163	負債純資産計	2,163

【タイあがた】　（単位：百万バーツ）

貸借対照表

流動資産	1,428	流動負債	750
固定資産	200	固定負債	650
		純資産	228
資産計	1,628	負債純資産計	1,628

問題点の整理

1 会社を成長させたい

　あがた商会は会社分割により国内の部品製造事業と不動産賃貸事業をそれぞれ子会社化しました。その結果、現在はあがたホールディングのもとに、部品製造事業のあがた部品、不動産賃貸事業のあがた不動産、部品の販売子会社であるタイあがたの3社を100％子会社とする体制ができあがりました。

　しかし、社長は部品製造事業と不動産賃貸事業だけでは会社の成長を期待できないのではないかと思い、会社が永続的に成長、発展していくためには別の事業を加える必要性を感じていました。新しい事業を始める場合、自社で新たに事業を始めるという方法もありますが、あまり時間をかけたくなく、現在はキャッシュにも余裕があるため、将来性が見込まれる会社を買ってきた方が得策であると考えていました。

　そんな矢先に、友人から会社売却の相談を受けました。当初、友人は買ってくれるような会社なり人を紹介してくれということでした。しかし、その会社は将来性もありそうで、また弊社の部品製造事業向けにソフトウェア開発を行うなどのシナジー効果も見込めそうなので、あがたグループに加えたいと思っています。

2 M&Aについて知りたい

　今まであがたグループではM&Aをしたことがなく、買ってくる会社の価値がいかほどのものか、事前にどんな準備をしたらよいのかが正直よくわかりません。今まで蓄えてきたキャッシュを無駄にすることはできませんから、会社買収の手続や価格の妥当性の判断など、どのように進めていけばよいか、専門家を交えて検討していきたいと考えています。

改善策の検討と実行

1 会社成長の必要性
① 会社・事業のライフサイクル

　事業は一般的に、事業化から事業の終了に至るまで導入期・成長期・成熟期・衰退期を経ることになります。

　導入期は認知度が高くないため、需要量が低い状況です。その後認知され成長期に入ると需要量は急激に増加し、市場に参入する業者が増加します。成熟期に入ると需要量は頭打ちとなりますが、市場参入業者がさらに増加するため競争が激化します。技術革新などにより衰退期に入ると需要量は減少し、市場から業者が撤退していくことになります。

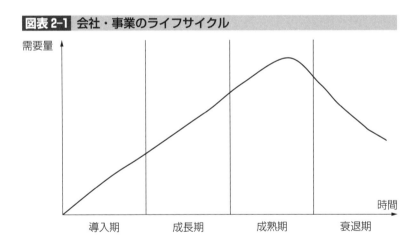

図表2-1　会社・事業のライフサイクル

　このように会社が1つの事業を営んでいるだけではいずれその事業が成熟期、衰退期を迎え、会社を閉める以外道がなくなってしまうわけです。もちろん、1つの事業のみで会社を成長させている例もありますが、そのような会社は単に過去延長線型の事業を行っているのではなく、その時代のニーズに即した新たな事業展開を図っているため、成長し続けているのです。

したがって、会社が永続的に成長、発展していくためには、常に新しい事業を模索していく必要があります。

② M&Aのメリット・デメリット

会社を拡大する手法には、自ら成長して規模を拡大する方法と既にできあがった会社を買収するM&Aがあります。

自ら成長して規模を拡大する場合、その成長過程が正しければ会社は着実な成長を遂げることができますが、成長のために多大な時間を要します。これに対して、既にできあがった会社を買収するM&Aでは、自社にはなかった新規で有望な事業をてっとり早く取得することができ、会社の成長発展に寄与できます。

図表2-2 M&Aのメリット・デメリット

メリット	・自社にはなかった新規で有望な事業をてっとり早く取得することができ、会社の成長発展に寄与できる。
デメリット	・会社の中身をよく知らないで買収してしまい、その事業や会社自体に大きな損害を与えるリスクがある。

M&Aには一長一短はありますが、会社が短期間に成長発展するための非常に有効な手法であるといえます。しかし、M&Aは見ず知らずの会社や事業を買収するため、中身をよく理解したうえで適正な価格で取得しないと、自社に大きな損害を与えるリスクがあります。したがって、M&Aの手続や買収価格の算定は慎重に行わなければなりません。

2 M&Aとは

① M&Aの種類

M&Aにはいくつかの種類がありますが、ここでは株式譲渡と事業譲渡を説明します。

A　株式譲渡

　対象会社の株主からその株式を譲り受ける方法で、最もポピュラーなスキームです。対象会社そのものには何ら法的変更が生じません。しかし、対象会社に不良資産や簿外債務がある場合にはそのリスクを背負うことになります。

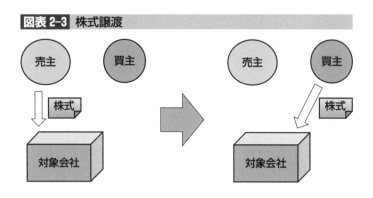

図表2-3　株式譲渡

B　事業譲渡

　対象会社のうち特定の事業の資産、負債、従業員、得意先等の集合体を譲り受ける方法です。負債や従業員の移転については、債権者や従業員の承諾が必要であり、許認可等は当然には移転しないため、変更の手続が必要になります。しかし、特定のものだけ譲り受けるため、不良資産や簿外債務を引き継がなくてもよい点でメリットがあります。

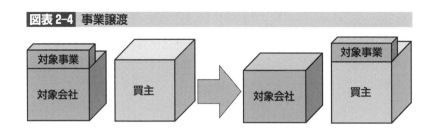

図表2-4　事業譲渡

図表 2-5 株式譲渡と事業譲渡のメリット・デメリット

	株式譲渡	事業譲渡
メリット	・短期間で会社を取得できる。 ・対象会社そのものには何ら法的変更が生じない。	・特定のものだけ譲り受けるため、不良資産や簿外債務を引き継がなくてもよい。
デメリット	・不良資産や簿外債務がある場合にはそのリスクを背負うことになる。	・負債や従業員の移転については、債権者や従業員の承諾が必要である。 ・許認可等は当然には移転しないため、変更の手続が必要である。

② M&Aの手続

あがた商会では今般組織再編を行い、あがたホールディングという持株会社を作りました。持株会社の場合、前章で事業構造改革のスピードアップというメリットを説明したとおり、M&Aが行いやすい環境になっています。以下では一般的な株式譲渡を例にM&Aの手続を説明します。

一般的なM&Aの手続の流れは図表2-6のとおりです。

③ デューデリジェンス

A デューデリジェンスの具体的内容

既にできあがった会社を買収するM&Aの場合、会社の中身をよく知らないで買収してしまい、その事業や会社自体に大きな損害を与えるリスクがあります。そのリスクをできる限り低減させるため、会社を買収する前に実施する「デューデリジェンス」という手続が極めて重要です。

デューデリジェンスとは、M&Aを行うにあたってのリスクを把握するために、対象会社の財務的・法務的実態を明らかにする調査のことです。デューデリジェンスを行うことにより対象会社の実状や問題点又はリスクが明確になります。

財務デューデリジェンスでは、対象会社の貸借対照表に計上されている売掛金やたな卸資産、買掛金、固定資産などの勘定科目ごとに、それぞれの残高が

図表2-6 一般的なM&Aの手続の流れ

No	手続	内容
①	案件概要書の入手	企業名は明かされないで、その譲渡対象会社の業種、特徴、規模、所在地等の基礎データを記載したものを入手し、買収したいかどうかの判断をする。
②	ネームクリア	買主が買収したいという意思表示をした場合、売主に対して、その買主と交渉を開始して良いかどうかをチェックする。売主にとって都合の悪い買主には、その情報が伝わらない効果がある。
③	守秘義務契約書の締結	インフォメーションパッケージを入手するにあたって、そのインフォメーションパッケージで知り得た情報やM&Aを検討しているという事実を漏らさない旨の契約書を締結する。
④	インフォメーションパッケージの入手	主に次のようなデータを詳細に記載した書類一式を入手し、買収するかどうかの検討を行う。 ・会社の沿革と事業内容 ・組織図、従業員の状況や役員の略歴等の人事関連資料 ・財務情報（決算書、科目内訳書、その他管理資料等） ・今後の事業見通し
⑤	簡易デューデリジェンスの実施	入手したインフォメーションパッケージについて、疑問点や確認事項を質問し、回答を得る。
⑥	買収意向表明書の提出	買収するという意思表示と買収希望価額を提示する。
⑦	売主による買収意向表明書に対する承諾	売主から買収意向表明書の承諾を得る。
⑧	基本合意書の締結	一般的には法的拘束力を有しないが、次の事項を明確にするために、締結することが望ましい。 ・⑥及び⑦で売主及び買主が納得した譲渡価額又はその決め方、デューデリジェンスの結果を譲渡価額に反映させる旨等の基本条件。 ・ここまでの過程で合意した事項、合意できていない事項。 ・デューデリジェンス手続の開始や独占交渉権の根拠として、売主と買主の責任や立場を明確にする旨。
⑨	デューデリジェンスの実施	実際に売主会社を訪問し、買収するにあたってのリスクを把握するために、事業、財務、税務、法務、人事等の観点からデューデリジェンスを行う。
⑩	株式譲渡契約書の締結	株式譲渡の実行日には、役員変更、印鑑や通帳、鍵の引き渡し等も行う。

※交渉をスムーズに進めるためにも、途中でトップ面談をした方が良い。

適正であるかどうかを確認するという手続がとられていきます。正常収益力や損益内容の把握、議事録や主要契約書の閲覧をします。さらに、保証債務等のオフバランス項目、担保設定、訴訟事件、後発事象、チェンジオブコントロール条項（買収等で支配者が変わる場合、相手方の了承を得てからでないと、その契約が破棄されてしまう条項）の有無の把握をしていき、対象会社を取得する際のリスクを特定していきます。こうしたリスクを把握することこそが、買主にとって最も重要です。

図表2-7 デューデリジェンスにおける買主側のチェックポイント（例）

着眼点	チェックポイント
財務面	決算書や税務申告書等を入手して、その内容を精査して不良資産や簿外債務の有無を確認したうえで、実態貸借対照表を作成したり、正常収益力を算定する。
法律面	各種契約書を入手し、チェンジオブコントロール条項の有無や訴訟の有無、トラブルに巻き込まれる可能性の有無を確認する。また、各種許認可の有無や、買収による許認可の異動手続の必要性を確認する。
事業面	事業の現状や将来性、顧客や仕入先との関係、技術・ノウハウの程度、経営者や従業員の質等を確認する。
労務面	給与規程・退職金規程等を入手し労働条件の変更の必要性を確認する。

B 粉飾決算の発覚

　財務デューデリジェンスを実施した結果、粉飾決算が発見されることもあります。粉飾決算は融資を円滑に実行してもらうために利益を過大に見せる、又は損失を隠すために行われます。逆に、租税回避のために利益を過少に見せるような場合もあります。

　利益を過大に計上する手口としては、

▶売掛金や在庫を過大に計上

▶買掛金や未払金を過少に計上

▶既に廃棄した固定資産を除却処理せずそのまま計上

▶回収不能が明らかである貸付金や売掛金などに係る貸倒引当金の計上不足

等があります。

一方、利益を過少に計上する手口としては、
- ▶売掛金や在庫を過少に計上
- ▶買掛金や未払金を過大に計上
- ▶代表者勘定による売上除外
- ▶架空の人件費や経費の計上

等が見受けられます。こうした粉飾決算は、前期決算書の繰越利益剰余金と当期決算書の前期から繰り越されている繰越利益剰余金が一致しないという単純ミスで発覚する場合もありますが、長期に渡って各勘定科目を操作してきているような場合には、その実態を正確に把握することはなかなか難しくなります。

また、業績不振の場合に、税務署へ提出する決算書は実態をそのまま表した正式な決算書を提出する一方、このままの決算書では金融機関から融資が受けられないため、利益を過大に計上した決算書を作成していたということもあります。つまり、税務署提出用と金融機関提出用の2種類の決算書を作成していたのです。

C　M&Aにおける粉飾決算のリスク

M&Aにおいて、対象会社に粉飾決算が発覚した場合に最も懸念されるのは、税務リスクです。

粉飾決算により利益を仮装し過大に納税していても、過大納税分全額について還付を受けられることは難しい場合が多いのです。したがって、粉飾決算により利益を過大に計上した会社はその粉飾決算を是正しても、納めた税金の還付を全額受けられない場合、結果的には、資金繰りを悪化させるという悪循環になってしまいます。

逆に、利益を過少に計上していると、追徴課税を受けるリスクがあります。

その結果、M&Aにおいて、このような税務リスクを残したまま買主が株式譲渡により会社を買収することは、通常選択しにくく、事業譲渡の方法によらざるを得ないと考えられます。

D　株式譲渡契約書における表明保証条項

財務デューデリジェンスを行っても粉飾決算を見抜けない可能性があるた

め、M&Aの契約書に表明保証条項を設けるのが一般的です。

　表明保証とは、M&Aの契約に際して売主が「事実として開示した内容が真実であり、かつ、正確であること」を表明し、買主に対して保証することです。もし表明保証した内容が事実ではなかった場合には、買主が被った経済的な損失を売主が損害賠償することとなります。

　このような表明保証は売主にとって一見不利に見えますが、開示した資料に欠落があったり、過去においてやっておかなければならなかった法的手続が行われていなかった場合でも、表明保証することで買主が納得して取引できるようになるため、表明保証を設けることは売主にとっても決してマイナスではありません。

　したがって、表明保証は、M&A成立後に粉飾決算が明らかになり、結果として実態より高く買収した場合に、損害賠償責任を売主に課すことにより、売買時点における正しい財務内容を担保させることになります。

　さらに、この表明保証をより実効性のあるものにするために、エスクローの活用も見受けられます。エスクローとは、売主に買収代金が渡ってから表明保証条項に該当する事態となった場合に、売主がその代金を使ってしまい補償できなくなることを防ぐために、買主は第三者に買収代金の一部を預けておき、一定期間後に売主に支払うようにする仕組みです。このエスクローという仕組みを活用すると、買主は粉飾決算がないことを確認してから売主へ最終的な金額を支払うことになり、表明保証条項に実効性を持たせることができます。

④　買収価格の評価

　デューデリジェンスと並んで、M&Aの手続のなかで重要なのが買収価格の決定です。売主及び買主双方が希望価格を提示し、お互いの交渉のなかで買収価格を合意していきます。買収価格を評価するためには、企業価値評価の考え方を知る必要があります。

A　事業価値、企業価値、株主価値

　ここでまず、企業価値評価において出てくる事業価値、企業価値、株主価値

の関係について、簡単に説明します。

　事業価値とは、事業から創出される価値、すなわち、事業活動によって得られる将来キャッシュ・フローの現在価値をいいます。具体的には図表2-8のとおり、事業性資産にのれんを加えたものから事業性負債を差し引いたものが事業価値です。

　この事業価値に遊休資産や余剰資金などの非事業性資産の価値を加えたものを企業価値といいます。さらに、この企業価値から有利子負債を差し引いたものが株主価値になります。

　このうち株式譲渡では、株主価値を算定することになります。

B　買収価格の評価方法

　評価方法は、その性質からインカムアプローチ、マーケットアプローチ、コストアプローチという3つの評価アプローチに分類されます。それぞれの評価アプローチの内容、メリット、デメリットは図表2-9のとおりです。

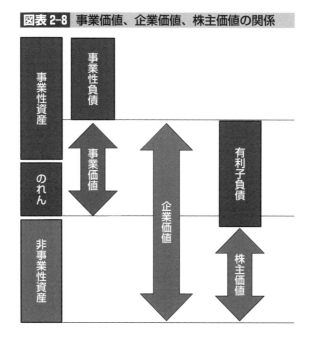

図表2-8　事業価値、企業価値、株主価値の関係

図表2-9 評価アプローチの内容、メリット、デメリット

	内容	メリット	デメリット
インカムアプローチ	企業が生み出す収益（キャッシュ・フロー）をもとに企業価値を算出する方法	・合理的な方法である。 ・超過収益力を反映させやすい。 ・将来性を反映した評価方法である。	・資本コストの設定により評価額が異なる。 ・計算が難しい。
マーケットアプローチ	事業の類似する上場企業のマーケットにおける株価等の数値から相対的に企業価値を算出する方法	・情報が入手しやすい。 ・計算が容易である。 ・将来性を反映した評価方法である。	・類似業種を選択するのが困難である。 ・小規模な企業では妥当性が低い。
コストアプローチ	貸借対照表に記載された資産・負債をもとに、これらを新規に調達した場合、どの程度費用がかかるかという面から企業価値を算出する方法	・客観性が高い。 ・計算が容易である。	・無形の資産が反映されづらい。 ・将来性が評価に反映されづらい。

上記評価アプローチごとの評価方法として、以下のような評価方法があります。評価方法としてどれを採用するかについては、一般的に、対象会社の特性、算定の目的等を総合的に勘案して決定すべきであると考えられています。また、1つの評価方法のみで算定することは、原則として適当でないとされており、複数の算定方法を併用することが一般的です。

(a) インカムアプローチ

▶ DCF法（Discounted Cash Flow Method）

　　DCF法は、将来対象会社が獲得すると期待されるキャッシュ・フローを、一定の割引率で現在価値に割り引くことによって事業価値を算定し、余剰資金、非営業資産及び有利子負債を調整することにより株主価値を算定する方法です。対象会社は継続企業として将来継続的に一定の収益を獲得することが期待されており、DCF法は、一般的に将来の収益獲得能力を反映させるのに効果的だといわれています。

▶配当還元法

　　配当還元法は、配当額を一定の割引率で割り引くことによって算定する方法です。通常非支配株主持分を有する株主の持分算定をする時に用いられます。

(b) マーケットアプローチ

▶市場株価法

　　市場株価法は、対象会社の株式市場での株価をもとに、当該株式の価値を算定する方法です。上場会社に適用されます。

▶類似上場会社法

　　類似上場会社法は、対象会社と類似する上場会社等について利益乗数・純資産乗数等を求め、その各乗数を使って対象会社の企業価値を算定し、現金預金及び有利子負債を調整することにより株主価値を算定する方法です。主に非上場会社に適用されます。

▶類似業種比準法

　　類似業種比準法は、対象会社と業種・規模等が類似する上場会社と、利益・純資産・配当等の項目で比較して、非上場会社の株主価値を算定する方法です。一般的に相続税法上採用される算定方法で、財産評価基本通達において算定方法が規定されています。

(c) コストアプローチ

▶純資産法

　　純資産法は、会社の有する資産から負債の額を控除した株主の持分としての純資産の価値によって株主価値を算定する方法です。会計帳簿上の純資産（簿価純資産）を用いる方法と、資産及び負債を時価に算定し直したうえでの純資産（時価純資産又は修正簿価純資産）を用いる方法とがあります。

C　DCF法の概要

以上の評価方法のうち、一般的なM&Aでは純資産法やDCF法がよく用いられています。そこで、DCF法の計算方法について説明します。

DCF法の適用にあたっては、一般的に金融業以外の企業を評価する際に用いられる Entity Method（＝事業計画から見込まれる利払前のフリー・キャッシュ・フロー（FCF）を、加重平均資本コスト（Weighted Average Cost of Capital）を用いて割引現在価値を算出する方法）を用います。加重平均資本コストについては、本書では詳しく説明しませんが、負債コストと株主資本コストの平均値だと考えてください。DCF法の算出イメージは図表2-10のとおりです。

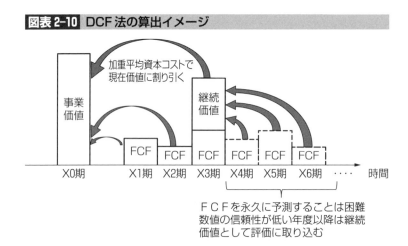

図表2-10　DCF法の算出イメージ

ＦＣＦを永久に予測することは困難
数値の信頼性が低い年度以降は継続
価値として評価に取り込む

（a）対象とする事業計画、フリー・キャッシュ・フロー、継続価値

　対象とする事業計画は、対象会社より提出された3年から5年程度の中期経営計画に基づいて作成するのが一般的です。

　また、フリー・キャッシュ・フローは、図表2-11のとおり、営業利益から税金相当額を控除した金額に、非現金支出費用（例えば減価償却費、のれん償却額）を加え、正味運転資本の増減額を調整し、設備投資額を差し引いた金額を用います。

図表2-11　フリー・キャッシュ・フロー

```
　　　営業利益
－）税金相当額
＋）非現金支出費用(例：減価償却費、のれん償却額)
±）正味運転資本の増減
　　　営業キャッシュ・フロー
－）設備投資
　　　フリー・キャッシュ・フロー(FCF)
```

　継続価値については、対象会社が将来にわたって獲得すると期待されるフリー・キャッシュ・フローを永久に予測することは困難であることに加え、その実現性に疑義があります。そのため、予測されたフリー・キャッシュ・フローの数値の信頼性が高いと思われる年度のフリー・キャッシュ・フローのみを算出し、それ以降に生み出されるフリー・キャッシュ・フローについては予測期間の最終時点での継続価値として評価に取り込みます。実務上は、事業計画の最終年度の金額を用いることが比較的多いと考えられます。

　事業計画の最終年度のフリー・キャッシュ・フローがその後永続して発生するという仮定をおき、予測期間以降の予測フリー・キャッシュ・フローの割引現在価値を継続価値とします。

　　　　継続価値＝最終予想年度のFCF÷加重平均資本コスト

　(b) 株主価値の算定

　DCF法では、まず加重平均資本コストを用いて割引現在価値の事業価値を求め、これに余剰資金及び上場株式と遊休土地等の非営業資産を加え、有利子負債等を控除したものが株主価値となります。

3 当社への適用

　あがたホールディングでは、ソフトウェア開発会社の株式100％を買収することとし、以下のように手続を進めました。

① M&Aの手続と財務デューデリジェンス

あがたホールディングでは、経営企画部を中心に、人事総務部・財務経理部・情報システム部から数名ずつM&Aプロジェクトチームを結成しました。また、法務デューデリジェンスについては顧問弁護士に、本件のアドバイザー及び財務デューデリジェンスについてはグローバルコンサルティングに業務を依頼し、売主のアドバイザーと交渉を進めていきました。

財務デューデリジェンスを実施した結果、以下の2点について財務諸表の修正事項が発見されました。

A 退職給付引当金の計上漏れ

対象会社では、勤続年数3年以上の従業員に対しては退職一時金を支払う旨が退職金規程に規定されており、実際退職者に対して退職一時金が支払われています。しかし、会計処理は退職金支給時に費用処理しており、期末における退職金要支給額を退職給付引当金として引当計上していませんでした。そこで、株式譲渡前に退職給付引当金40百万円を計上することにしました。

B 仕掛品の除却漏れ

仕掛品残高のなかに、5年前のソフトウェア開発案件で途中案件が頓挫してしまったにもかかわらず除却処理されていない仕掛品が80百万円含まれていることが判明しました。そこで、株式譲渡前に仕掛品除却損80百万円を計上

図表 2-12 対象会社決算書の修正

(単位：百万円)

仕掛品の除却漏れ80百万円
退職給付引当金計上40百万円

【修正前】
貸借対照表
流動資産	760	流動負債	300
固定資産	675	固定負債	700
		純資産	435
資産計	1,435	負債純資産計	1,435

【修正後】
貸借対照表
流動資産	680	流動負債	300
固定資産	675	固定負債	740
		純資産	315
資産計	1,355	負債純資産計	1,355

することにしました。

その結果、図表2-12のとおり、対象会社の純資産は435百万円から120百万円減少し315百万円に、流動資産は760百万円から80百万円減少し680百万円に、固定負債は700百万円から40百万円増加し740百万円になりました。

(注) 財務デューデリジェンスの発見事項を、対象会社の決算書に織り込むか否かは任意です。

② 株価算定及び買収価格の決定

あがたホールディングは、本件の買収価格を検討するため、グローバルコンサルティングにDCF法による株価算定を依頼しました。財務デューデリジェンス後にグローバルコンサルティングより報告を受けた株価算定の試算結果は以下のとおりです。

A 今後3年間のフリー・キャッシュ・フロー及び継続価値の試算

入手した事業計画をもとに、今後3年間のフリー・キャッシュ・フロー及び継続価値を、図表2-13のとおり試算しました。

図表2-13 今後3年間のフリー・キャッシュ・フロー及び継続価値

(単位：百万円)

	計画 X1期	計画 X2期	計画 X3期	継続価値
営業活動によるCF				
営業利益	100	105	110	110
税金相当額	△26	△28	△30	△30
非現金支出費用	80	80	80	―
正味運転資本の増減	△10	△12	△14	―
営業活動によるCF計①	**144**	**145**	**146**	**80**
投資活動によるCF				
設備投資	△70	△70	△70	―
投資活動によるCF計②	△70	△70	△70	―
フリー・キャッシュ・フロー①+②	**74**	**75**	**76**	**80**

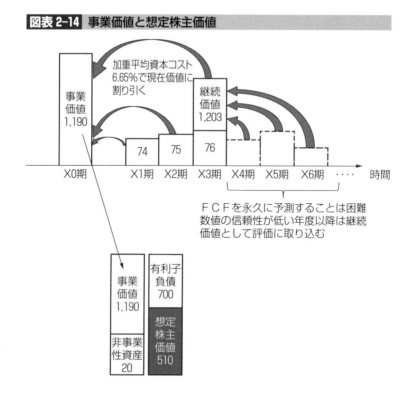

図表2-14 事業価値と想定株主価値

B　事業価値と想定株主価値の試算

ここでは、加重平均資本コストは6.65％とし、事業価値及び想定株主価値を図表2-14のように算定しました。

C　株価算定の試算結果

グローバルコンサルティングはDCF法による上記のような計算手続を経て、想定株主価値を510百万円と算定し、評価額は前後10％の幅を持たせ、459～561百万円として、あがたホールディングに報告しました。

D　買収価格の決定

この結果を受けてあがたホールディングは520百万円から560百万円の買収価格で売主と交渉し、最終的に550百万円とすることで売主と合意に至りました。

第2章 M&Aでグループ拡大

図表 2-15 あがたホールディング決算書への影響

(単位:百万円)

関係会社株式の取得550百万円

【取得前】
貸借対照表

流動資産	610	流動負債	—
固定資産	2,019	固定負債	10
(うち、関係会社株式)	(2,019)	純資産	2,619
資産計	2,629	負債純資産計	2,629

【取得後】
貸借対照表

流動資産	60	流動負債	—
固定資産	2,569	固定負債	10
(うち、関係会社株式)	(2,569)	純資産	2,619
資産計	2,629	負債純資産計	2,629

　株式譲渡契約書も締結し、550百万円でソフトウェア開発会社の全株式を取得しました。その結果、図表2-15のとおり、あがたホールディングの決算書は、固定資産の関係会社株式が2,019百万円から550百万円増加し2,569百万円に、流動資産は610百万円から現金預金550百万円が減少し60百万円になりました。

　なお、買収価格の550百万円からソフトウェア開発会社の純資産315百万円の差額235百万円がのれんとなり、連結決算書に計上されます。このれん及びのれん償却については、第4章で詳しく説明します。

(注)　買収時に評価した無形資産を連結財務諸表上資産計上する場合等がありますが、ここでは割愛します。

あがたグループの完成

1 組織図

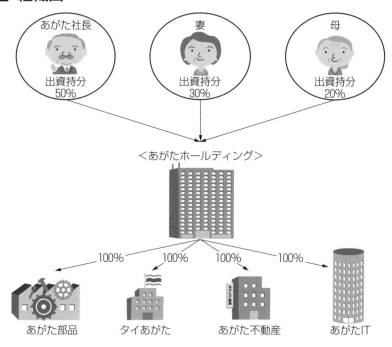

　このたびのM&Aでソフトウェア開発会社の株式の100％をあがたホールディングが取得し、あがたホールディングの100％子会社は4社になりました。また、ソフトウェア開発会社の会社名を「あがたIT」に社名変更し、あがた社長はあがたITの代表取締役会長に、あがたホールディングの経営企画部長は他の子会社と同様に監査役に就任しました。

2 財務状況

【あがたホールディング】 (単位：百万円)

貸借対照表

流動資産	60	流動負債	—
固定資産	2,569	固定負債	10
(うち,関係会社株式)	(2,569)	純資産	2,619
資産計	2,629	負債純資産計	2,629

【あがた部品】

貸借対照表

流動資産	2,495	流動負債	1,919
固定資産	1,150	固定負債	800
		純資産	926
資産計	3,645	負債純資産計	3,645

【あがた不動産】

貸借対照表

流動資産	613	流動負債	50
固定資産	1,550	固定負債	1,120
		純資産	993
資産計	2,163	負債純資産計	2,163

【あがたIT】

貸借対照表

流動資産	680	流動負債	300
固定資産	675	固定負債	740
		純資産	315
資産計	1,355	負債純資産計	1,355

【タイあがた】 (単位：百万バーツ)

貸借対照表

流動資産	1,428	流動負債	750
固定資産	200	固定負債	650
		純資産	228
資産計	1,628	負債純資産計	1,628

第3章

グループ経営の必要性

解決したい問題

subject 3 ・グループ経営の必要性や本質についての理解があいまい

Q 会社分割とM&Aで企業グループの体裁は整ったと思っています。これから、連結決算、グループ管理、連結納税、CMSなどの他の一流企業が行っているグループ経営を前向きに導入していきたいと思いますが、その必要性や具体的効果については正直なところ理解が十分とはいえません。それでも、まず導入を進めていくことが大切だと思いますので早速指導をお願いします。

あがたホールディング
あがた社長

グローバルコンサルティング
永野公認会計士

A 社長、少し待ってください。グループ経営を本格的に導入するには、ヒト、モノ、カネなどの相応なコストがかかります。安易に色々なシステムを導入すると、コストに見合う十分な成果を得ることができず、後になって後悔することになりかねません。導入の前に、社長自身がグループ経営の必要性を十分理解することが大切ですので、その説明からしたいと思います。

グループ経営の本質と必要性

　第1章と第2章でグループ経営の前提となるグループの組織化は完了しました。これから第2部において、あがたグループを事例としてグループ経営の実践を説明していくことになりますが、実践編に入る前に、本章において、グループ経営及び個々の具体的手法の必要性についてまとめておきます。

　こうした構成にしたのは、我々が日々のコンサルティングにおいて、経営者の皆様に接しているなかで、必要性に対する理解がまだ十分ではないと感じているからと同時に、「なぜグループ経営なのか」ということの認識をしっかり持つことがグループ経営を実践していくうえでのキーポイントになると考えているからに他なりません。ただ単に、子会社を買収したために企業グループを形成するようになったからとか、あるいは他の一流企業もやっているからというような表面的理由だけで、グループ経営を取り入れても、グループ経営を実りあるものとすることはできないのです。

　グループ経営の実践には、コストがかかります。ヒトもカネも時間も必要になるのです。そのとき、グループ経営の根幹やその必要性に対する理解が浅いままだと、グループ経営の有用性について疑念が生まれ、十分な成果を生み出せません。グループ経営の本質と必要性を十分に理解したうえで、グループ経営を実践することで、グループ経営を真に実効あらしめることができるのです。

1 グループ経営の必要性
① 企業価値最大化の2つの手法

　グループ経営とは、親会社が子会社を保有し企業グループを形成している場合、グループ全体で企業価値最大化を図ろうとする経営手法です。

　企業の目的は企業価値を最大化することにあることは言うまでもありません。企業グループで企業価値最大化を図ろうとするとき、2つの考え方があります。1つは、グループを構成する個々の企業それぞれが独自の戦略で自分の

会社を発展させ、その帰結として、個々の企業を合算すればグループ全体の企業価値が最大化できるとする考え方です。個々の企業価値最大化がグループ全体の企業価値最大化につながるという個から全体を志向する、いわば、ボトムアップの企業経営手法だといえます。もう1つは、最初から企業グループトータルで企業戦略を考え、グループ傘下の個々の企業は統一した戦略の下に企業価値最大化を図ろうとする考え方です。全体の戦略から個別経営を考えるトップダウンの経営手法といえます。これがグループ経営（連結経営ともいいます）です。

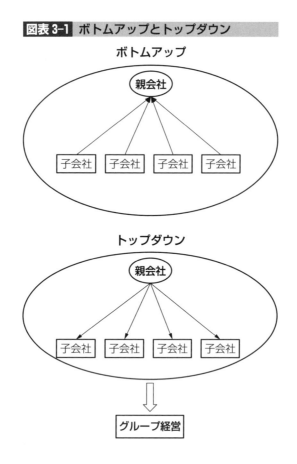

図表3-1 ボトムアップとトップダウン

② 上場企業と非上場企業の違い

　現在の上場企業のほとんどは、後者のグループ経営の考え方をとっています。その理由は以下のとおりです。

　上場企業では株価が非常に重要です。その株価はグループ全体の経営成績を表示する連結決算が反映されると考えられています。そのため、子会社を有する上場企業は連結決算の作成が制度的に義務づけられています。投資家は連結決算の動向を注視しますし、経営者も連結決算を良好なものとすべく経営を行おうとします。そうしたとき、「グループトータルとしての経営戦略はないのですが、子会社が勝手気ままにがんばり、単なる個別決算の集積がグループ全体の連結決算の結果となりました」という説明では説得力を欠きます。企業グループの最高責任者がある一定の戦略に基づいて、グループを構成する個々の企業を一定の方向に導き、連結決算のパフォーマンスを高めることが求められます。その結果、上場企業ではグループ経営が一般的なものとなっているのです。

　しかし、非上場企業では状況が全く異なります。非上場企業では証券市場で株式が売買されることはなく、株価を常時意識するということはありません。また、連結決算の開示も強制されていませんから、グループ企業を構成していても、それぞれの企業ごとの単体決算とそれに基づく単体納税をしていれば、制度的にはそれ以上のものを求められることはありません。

　つまり、非上場企業でグループ経営を実行するのは外部からの強制によるものではなく、経営内部の自発的要請に基づくものなのです。それだけに、非上場企業の経営者は、なぜグループ経営が必要なのかを事前に十分に理解しておかなければなりません。

③ グループの統一性と個別事業の自立性の両立

　非上場企業でも、1つの会社で複数の事業を行っている会社は少なくありません。そうした会社では、企業価値を向上させるためには、会社を構成する各事業がそれぞれ発展しなければなりません。ところが、同じ会社のなかで一人

図表3-2 グループ経営による統一性と自立性の両立

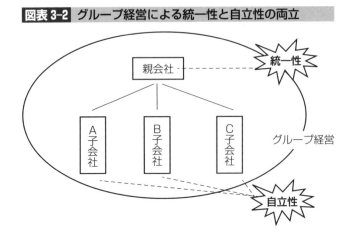

の経営者の指揮下で、事業運営を行っていたのでは、意思決定が遅れ、事業発展を阻害させる恐れがあります。そこで、第1章で説明したように、専門的知識を持つ幹部に事業運営の責任を持たせるために、各事業を子会社として独立させたり、第2章で述べたように他の企業を買収し子会社化するということが行われます。子会社化することにより、事業担当者の責任と実績が明確になるとともに、経営の機動性が確保でき当該事業の発展にプラスに働くことが期待できるからです。

しかし、独立した各子会社が自分の会社に良かれと思って全く自由勝手に気ままに走り出すことが、必ずしもグループ全体の企業価値向上につながるとは限りません。グループ全体の統一性を保ちながら各事業を拡大することが求められるのです。会社グループとしての統一性と事業の自立性をどう両立するかは、会社経営における永遠の課題です。それを克服する経営手法がグループ経営です。

2 連結決算の必要性

① 企業グループの正確な実態把握

これまで述べてきたとおり、グループ経営はグループ全体の企業価値最大化

を図ることが目的です。企業価値最大化のための適切な戦略を選択するためには、グループの全体像を正しく把握できなければなりません。企業グループの財務情報を最も適切に表現しているのは連結決算であり、だからこそ連結決算がグループ経営の中核に位置しているのです。

親会社の単体決算でも子会社等のグループ企業の情報が含まれていないわけではありません。親会社は子会社等のグループ会社の株式を所有しており、その所有金額は単体決算書における貸借対照表の関係会社株式勘定に記載されているからです。しかし、単体決算書における関係会社株式は原則的に取得原価主義によって記載されており、子会社等の実績が直接的に表現されているわけではありません。子会社の業績が親会社単体決算に反映されるのは、通常の場合、子会社から配当を受けたときとか、子会社株式を売却したときなど、キャッシュが動いたときに限られます。子会社の経営状況を適時に把握するシステムにはなっていませんから、単体決算によっている限りグループ全体の状況を適切につかむことはできません。

一方、連結決算では子会社等の関係会社の経営成績を適時に取り込み、決算書が作成されます。親会社が経営責任を持つ子会社については、子会社の資産、負債を決算に組み込んだうえで、子会社の利益や純資産をグループ全体の利益や純資産に反映させます。また、親会社が経営責任は持たないまでも、影響力を有すると認められる関連会社については、関連会社の経営成績を投資有価証券勘定の増減として表現し、グループ全体の業績に反映させる構造になっています。つまり、連結決算を見れば企業グループ全体の財務状況がわかるのです。その結果、グループ経営のためには連結決算は不可欠な手段になります。

②　海外子会社管理

グローバル化の進展に伴い、非上場の中堅・中小企業でも海外子会社を設立している場合は少なくありません。しかし、設立後に海外子会社をうまく管理できずに失敗してしまうケースも散見されます。海外子会社は地理的に遠いことなどから、現地子会社のトップに経営を丸投げしてしまい、親会社による経

営の監督機能を十分に働かせることができなくなってしまいがちだからです。

そうした会社では、海外子会社の計数管理が適切にできていません。子会社の計数管理はできるだけ短い間隔で行うことが求められます。最低限月次での管理が望ましいといえます。しかし、親会社によるシステマティックな管理を行っていない企業では、6か月、場合によっては1年単位でしか子会社の計数管理を行っていなかったりするケースもあります。このようなルーズな子会社管理をしていては、海外子会社のグループ内における位置づけが明確にならず、グループ全体のなかで子会社がどのような方針を取るべきかを決めることができません。また、現在のように為替相場が乱高下する状況においては、経営判断を瞬時に下すことが求められますが、グループトータルの経営情報を把握できなければ、適切な経営判断を行うことはできません。世界経済が激変する環境では海外子会社の経営情報を親会社グループに適時に取り込むことが不可欠なのです。

また、最近、海外子会社の不正の報道が目につきます。不正の内容は売上高の過大計上等の粉飾決算、役員の横領等さまざまですが、こうした問題の発覚が遅れるのも、海外子会社の計数管理をシステマティックに行っていないことに原因があります。

図表3-3 連結決算による海外子会社の把握

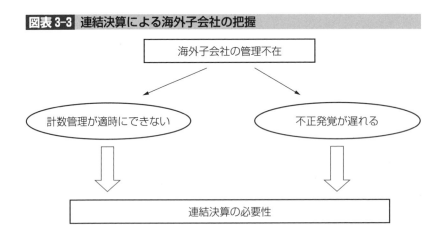

連結決算では、現地通貨との換算を行いながら、海外子会社の業績を取り込まなければなりません。連結決算を組んでいれば、海外子会社の状況は国内子会社と同様に把握できます。最適なグループ戦略の立案とグループガバナンスの確立のために、中堅企業においても海外子会社を適時に取り込む連結決算が必要になるのです。

③ 金融機関からの高評価

決算書の主要目的は株主や債権者などの外部の資金提供者に対する説明と税務計算の基礎資料の作成にあります。上場企業では不特定多数の投資家に向けての開示という側面が強くなります。実質株主財産は単体より連結決算書において正確に表示されることから、金融商品取引法で連結決算を中心に開示することが求められており、上場企業では決算書といえば連結決算になります。

一方、非上場企業は投資家向けの開示という側面は弱くなり、連結決算の作成も義務づけられていません。そのため、ほとんどの非上場企業は税務目的による決算書作成に止まり、子会社を有していても単体決算のみで連結決算まで作る会社は多くありません。その結果、たとえ企業グループを形成していても、金融機関に対しては単体決算書だけを提出し、融資を受けるというケースが圧倒的です。

従来は子会社を持つ企業は多くなかったし、たとえ子会社があっても、親会社の業績に影響を与えない程度の小規模なものでしたから、金融機関は単体決算書のみの開示でもよしとしていました。しかし、海外進出の加速やM&Aによる規模拡大が非上場企業でも珍しくなくなると、子会社の動向がグループ全体の業績を大きく左右するようになります。そこで、金融機関は子会社を含めたグループ全体の状況を把握したいと欲するようになり、連結決算書の提出を強く望むようになってきています。その一例として、西武信用金庫は連結決算書を提出した会社に対しては貸出金利を割り引くサービスを開始したとの報道がなされました（2013年4月24日付日本経済新聞）。こうした状況は都銀をはじめ他の金融機関でも全く同様です。

図表 3-4 連結決算による金融機関の高い評価

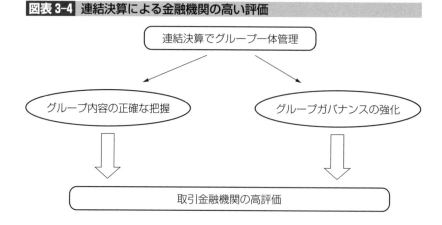

　連結決算書を作成しグループ経営を行っている会社は、金融機関に対して財務状況を正確に把握できるというメリットを与えます。それと同時に金融機関側は、連結決算書を作成しグループをトータルで管理している会社をグループ全体に対してガバナンス体制が確保できている会社として高い評価を与えるようになってきているのです。

❸ 連結管理会計の必要性―事業別損益の把握―

　グループ全体の企業成績を表示する連結決算をベースにグループ管理を行い、グループ全体の企業価値最大化を図ろうとすれば、親会社や子会社の個別決算の数値は大きな意味を持たないようになります。管理会計においても法律的な人格で区分した個社をベースで管理するのはさほど意味のあることではなくなります。グループ経営における管理会計として重要なのは事業別損益の把握です。

　より効果的に事業を行うために、同一事業を製造部門と販売部門に分社化したり、製造部門を海外に移転したりすることがあります。そうすると、同じ事業内のグループ会社間の取引が増加して、グループにおける事業ごとの損益がつかみにくくなります。そこで必要となるのがセグメント情報です。連結決算

書の実績を事業ごとに分解したものをセグメントといい、セグメントごとに損益を集計することにより、各事業でどれだけの利益、あるいは損失が計上されているかを把握できるようになるのです。

セグメント損益を適正に迅速に把握することにより、事業別戦略などにおいてグループ全体の方向性を明確にすることができます。

4 連結納税の必要性―赤字会社と黒字会社の損益通算―

連結決算や連結管理会計を導入し、グループ全体の業績把握ができるようになっても、法人税の納税単位は所定の手続を取らない限り、依然としてそれぞれの会社が申告する単体納税が継続されます。単体納税でもグループを構成するすべての会社が黒字であれば特段の問題はありません。しかし、グループ内に黒字と赤字の会社があり、黒字の会社は所得に応じた税金を納める一方で、赤字の会社は欠損金を積み重ねるといったケースでは、グループ全体として見ると、利益は黒字と赤字が相殺されるのに、法人税等は黒字会社だけで算定されますから、税金の負担率が高くなってしまいます。

こうした場合、企業グループで法人税を算定する連結納税制度を選択すれば、納税額を抑えることができます。連結納税の最大のメリットは、グループ会社間同士で黒字と赤字を通算できることにあります。

5 CMSの必要性―グループ内資金の有効活用―

連結決算制度に組み込まれていても、グループ内の個々の会社が独立に資金の運用、調達を行っていると、グループ全体で見たとき資金利用が非効率になります。例えば、親会社は資金潤沢で銀行に多額の預金があるのに、子会社は資金不足で銀行から借入をしているというようなことがあります。こうした場合、グループ全体の連結決算を作成すると、預金と借入が両建て計上になってしまいます。また、受け取る預金金利より支払う借入金金利の方が格段に高いですから、損益的にもマイナスです。グループ内で資金を効率的に融通できれば、資産、負債を圧縮することによる財務体質の強化や損益面の改善を図るこ

とができます。

その際に役に立つのはCMS（キャッシュ・マネジメント・システム）です。CMSとは、グループ会社全体の資金を一元的に管理することにより、グループ各社で生じる資金の過不足を調整し、効率的な資金利用を図るシステムです。

6 親会社管理機能の充実

① グループとしてのキャッシュ・フロー戦略

連結納税やCMSは税額の圧縮や資産、負債の削減という直接的効果を生むだけではなく、次のような副次的効果も生じます。

グループとして企業価値を最大化するためには、キャッシュ・フローもグループとして考えなければなりません。税金はキャッシュ・フローに大きな影響を与えますから、グループ全体としての納税戦略が必要になります。資金管理もグループ全体で行えばグループの統一的戦略が必要になります。連結納税やCMSを採用すれば、企業経営において最も重要とされるキャッシュをグループ全体で考えることを余儀なくされ、グループの一体感は一層高まるようになります。

② 親会社機能の充実

どういう会社であれ、会社には企画、経理、人事などの管理部門がなければなりません。グループを連結決算に取り込んで、グループ経営を行おうとするとき、管理部門について2つの考え方があります。1つは依然として子会社の自主性を重視し、管理部門を子会社に残す方法です。もう1つは、子会社の管理部門はできる限りスリムにして、親会社に管理部門を集中しようとするものです。

子会社の管理部門が大きいと、非効率ですし、グループ全体の統制が取れない可能性があります。本書では管理部門を親会社に集中することによりグループとしての統一的戦略を取るのが望ましいと考えています。逆に言えば、統一的に予算管理、経理、人事などを行うためには、親会社に強力な管理スタッフ

をそろえなければなりません。

　ただ、実務では、それぞれの会社に特有の事情があるでしょうから、いきなりグループ経営の究極な形を求めてもうまくいかない可能性があります。会社の実情に合わせ、どういうグループ経営を行うかを明確にして、親会社機能を充実させていく必要があります。

7 子会社の売却

　ヒト、モノ、カネなどの経営資源には限りがあります。特に、非上場の中堅・中小企業は上場大企業に比べれば、利用可能な経営資源は少ないのが普通ですので、経営資源の配分を効果的に行わなければなりません。そうしたことから、周囲の環境変化や自社の状況を考えて、グループで経営している事業の一部を売却するということも考慮すべき選択肢です。

　ある事業は当社グループとして不要であり、もはやグループで抱えている必要性がないという場合もあるでしょう。あるいは、特定の事業に経営資源を集中するために他の事業を売却し、売却で得た資金を強化したい事業に投下するといったケースもあるでしょう。事業売却はそうした場合に有効な経営戦略です。

　グループ経営では事業別に子会社として所有していますから、事業売却が子会社株式の売却という形で比較的に簡易にできます。事業の切り離しが容易だというのもグループ経営の一つのメリットとして頭に入れておいてください。

第2部
グループ経営手法

第4章
連結決算の導入

解決したい問題

subject 4

・グループ全体の状況把握ができない
・海外子会社の管理が脆弱

Q あがたホールディングを親会社とする持株会社を組成し、IT事業の買収も完了しました。その結果、持株会社である親会社の下、海外子会社1社を含め事業会社を4社抱える企業グループとなりました。各事業を別会社にすることにより、事業ごとの成績はクリアになりました。各事業の投資意思決定もスムーズに行われるようになり、各部門の責任者である子会社

あがたホールディング
あがた社長

の社長もこれまで以上の責任感をもって事業に取り組んでくれていて、私も個々の事業実施状況には非常に満足しています。

ただ、グループの拡大で、グループ全体の状況把握が難しくなったような気がします。持株会社化される前はあがた商会とタイあがたの2社分の決算書だけを見ていれば会社全体の業績は把握できたのに、今度は親会社1社、子会社4社の計5社の決算書を見なければなりません。しかも、タイあがたはあがた部品から製品を購入しているので、グループ間取引が拡大し、グループの実態利益が益々つかみにくくなっています。また、中心となるべき親会社の決算書は非常にシンプルなものになってしまって、持株会社である親会社の決算書を見ていてもグループトータルの状況はわかりません。

この前、取引銀行に決算説明に行ったとき、子会社それぞれで借入を行っているものですから、子会社の決算説明だけをしたのですが、銀行の支店長さんから、

「今のあがたグループは従来とは違いグループ間取引があり、しかも海外販売子会社をもつ複雑なグループとなっています。この状況では親会社、子

会社単体の決算書だけでは本当の姿は見えません。グループ全体の状況をよりよくわかるように説明してください。」と言われました。

　持株会社化で個別会社の状況はよくわかるようになったことは経営にプラスになったと思っています。反面、持株会社化によりグループ全体の状況把握が難しくなったことも事実です。銀行などの債権者のためだけではなく、私がグループ経営を行ううえでも、グループ全体の状況を適切に把握することの重要性を痛感しています。

グローバルコンサルティング
永野公認会計士

連結決算を導入してグループ全体の財務状況を正確に把握

　持株会社化したとき、グループ全体の業績管理をどのようにするかは大きな問題です。親会社の単体決算書は子会社からの経営指導料や配当が収入になるだけであり、グループ全体の事業状況を見ようとするときに全く役に立ちません。こうしたときに必要となるのが連結決算です。

　上場企業では2000年の会計制度の改正で完全に連結決算主導の体制に移行しました。もはや、上場企業で決算といえば、連結を指すのが通常であり、決算説明会でも連結の説明しかしないのが普通です。それは単体よりも連結の方がグループ実態をより正確に反映しているからです。非上場企業でも本質的には同じです。グループの正確な姿をつかむには連結決算がなければなりません。

　貴社においても、持株会社化した以上、連結決算中心の体制に移行すべきであり、連結でグループを把握していることは銀行などの取引先に対しても信用力は向上することになるので、是非、連結決算を導入するようにしてください。

第2部　グループ経営手法

あがたグループの現状

1 組織図

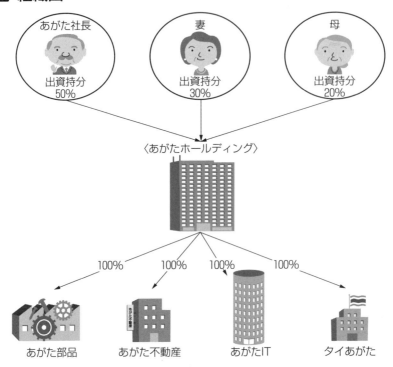

❷ 財務状況(貸借対照表、損益計算書)

【あがたホールディング】　　　　　　　　　　　　　　　　(単位:百万円)

損益計算書	
売上高	200
(うち、経営指導料)	(100)
(うち、受取配当金)	(100)
売上原価	0
売上総利益	200
販管費	200
営業利益	0
税引前当期純利益	0
法人税等	0
当期純利益	0

貸借対照表			
流動資産	70	流動負債	10
固定資産	2,569	固定負債	10
(うち、関係会社株式)	(2,569)	純資産	2,619
資産計	2,639	負債純資産計	2,639

【あがた部品】

損益計算書	
売上高	6,935
売上原価	5,550
売上総利益	1,385
販管費	1,375
営業利益	10
支払利息	30
税引前当期純利益	△20
法人税等	0
当期純利益	△20

貸借対照表			
流動資産	2,356	流動負債	1,850
固定資産	1,100	固定負債	700
		純資産	906
資産計	3,456	負債純資産計	3,456

【あがた不動産】

損益計算書	
売上高	1,080
売上原価	705
売上総利益	375
販管費	130
営業利益	245
支払利息	50
税引前当期純利益	195
法人税等	78
当期純利益	117

貸借対照表			
流動資産	670	流動負債	40
固定資産	1,400	固定負債	1,020
		純資産	1,010
資産計	2,070	負債純資産計	2,070

【あがたIT】

損益計算書	
売上高	2,800
売上原価	2,128
売上総利益	672
販管費	504
営業利益	168
支払利息	40
税引前当期純利益	128
法人税等	51
当期純利益	77

貸借対照表			
流動資産	812	流動負債	270
固定資産	700	固定負債	850
		純資産	392
資産計	1,512	負債純資産計	1,512

【タイあがた】

(単位：百万バーツ)

損益計算書	
売上高	1,920
売上原価	1,585
売上総利益	335
販管費	285
営業利益	50
支払利息	30
税引前当期純利益	20
法人税等	5
当期純利益	15

貸借対照表			
流動資産	1,530	流動負債	875
固定資産	188	固定負債	600
		純資産	243
資産計	1,718	負債純資産計	1,718

第4章　連結決算の導入

問題点の整理

1 グループ全体の状況把握が困難

　企業にとって、グループ全体の状況を理解することは極めて重要です。なぜなら、グループ全体の状況を把握することで、成長分野への経営資源の投下、不採算事業からの撤退等の経営資源の配分やグループ経営計画の立案などを行うことができるからです。

　あがた商会は親会社及び子会社4社（うち1社は海外子会社）を持つ企業グループとなりましたが、会社数が多くなり、またグループ会社間の取引も複雑になってきたため、グループ全体の状況がつかめないという課題に直面しています。具体的には、以下のように整理できます。

①　親会社の個別決算書は意味を持たない

　親会社の貸借対照表には、過去に子会社へ投資したことを表す子会社株式（以下「関係会社株式」といいます）が計上されていますが、この金額は当初の出資額を意味するだけで子会社の業績とは何ら関係がありません。また損益計算書に計上される主な収益は、子会社からの受取配当金や経営指導料収入です。配当や経営指導料は、持株会社が赤字にならないように、持株会社の人件費などの管理コストをまかなえるだけの負担を各子会社にさせているだけですので、子会社の業績と連動して決めているわけではありません。

　このようにグループ全体の状況を考えるうえでは、親会社の個別決算書を見ても子会社の業績はわからないので、すべての会社の個別決算書を積み上げて全体の業績を把握するしかありません。しかしこの方法は、会社数が多くなると実績を把握するだけで大変になります。

②　グループ全体の業績がつかめない

　企業グループ内でいくら取引を増やして個別決算書上の利益を積み上げたと

ころで、グループ内では利益を付け替えたにすぎず、グループ全体の業績に貢献するものではありません。このため、グループ会社間取引が多くなると、個別決算書の単純合算ではグループ全体の業績を判断できません。そのグループの真の実力は、グループ外との取引により最終的にどのくらい利益を積み上げることができたかで判断しなければなりません。

また、グループ会社間の取引には、配当や経営指導料のほか、売上、仕入、事務所の賃貸、資金の貸付等々、さまざまな取引が考えられます。ただしグループ会社間取引では親会社が取引の決定方針や取引条件を決めることができ、親会社の意向に沿うように取引が行われやすいといえます。このため、親会社の裁量で取引条件が決められるグループ会社間取引の比重が大きくなると、親会社の都合の良いように個別決算書が操作される余地が増える可能性があります。

あがたグループ各社の事業関連図を図表4-1に表します。取引を一方通行に

図表4-1 事業関連図

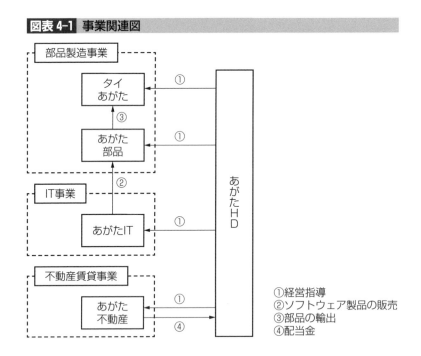

限り、可能な限り集約してシンプルな関係にしていますが、そうだとしても、各社の個別決算書にグループ会社間取引がどのくらい含まれるか、グループ会社間取引で各社に利益がいくら落ちているのか、又はグループ外との取引がどのくらいあるのか、などを理解するのはそう簡単ではありません。

③ 会計方針の相違

俗に、同じ会社の決算書を何人かにそれぞれ作らせてみた場合、全く違う決算書が人数分できあがるといわれています。これは、会計の世界では数字の取り方も解釈も人によって幅があり、正解は1つではないことのたとえです。グループ会社が増えてくると、各会社の管理を担う部署も大きくなり、複数の担当者が関わるようになります。このとき、各会社によって、あるいは各担当者によって会計処理の方法や勘定科目体系がバラバラだと、会社間の業績を比較することはできません。

例えば、あがた部品とあがたITは海外から高価な機械を購入していますが、これにかかる関税や保険料などを原価に入れていたりいなかったりと、処理が統一されていませんでした。原価の範囲も人によって考え方が違うところがあり、経理はより精緻に原価計算制度を構築するべきだと主張するのに対し、製造部は自分の領域のコストが増えることに抵抗しており、社内の意思統一ができず棚上げされていたものです。しかし製造業は原価率が数％動いただけでも利益に大きなインパクトを与えるため、社長としてはより細かく集計し、原価の見える化を進めていきたいと思っていました。

このほか、各担当者によって微妙に勘定科目の使い方が違っています。各会社の担当者は自分の担当会社の数字を把握するだけなので特に不自由を感じませんが、グループ全体を経営する立場から見れば不都合です。

④ 決算のスピード

企業経営にとって、経営意思決定に必要な情報をタイムリーに収集できるかどうかは極めて重要です。上場会社であれば月次決算を行い、翌月中旬には役

員会に直近の業績が報告されます。期末決算であれば、翌月中旬ごろ（3月決算なら4月中旬）に各会社で個別決算書を作成、親会社経理部が主導して子会社からデータを収集、取りまとめ、翌月下旬（4月下旬）に連結決算書を作成するくらいのスケジュール感で取り組んでいる会社が多いと思われます。ところが、非上場会社の場合、月次決算は実施していない会社が多く、期末決算でも税務申告の期限（決算日後2か月以内）までに決算を固めればよいとのんびり構えている会社も少なくありません。

あがたグループも月次決算と呼べるものは作成していません。売上実績の報告は週次で各会社からあがたホールディングの社長のもとに上げさせるようにしています。しかし、原価の集計や損益の把握までは月次で行っておらず、半期ごとに貸借対照表、損益計算書を作成して予算管理に役立てているくらいでした。このような状況なので、決算を早く締めるという考えがそもそもありませんでした。また、関係各部署や取引先から資料をもらうのにも時間がかかっていて、これも決算を遅くする要因になっていました。最終的に、各会社から社長のもとに決算書として報告が上がってくるのも決算日から2か月後とタイムリーさに欠ける問題がありました。

❷ 海外子会社の管理が脆弱

縮小する日本経済に見切りをつけ、海外に活路を見出そうとする日本企業が急増しています。しかし、金融機関や外部コンサルタントに高い報酬を払って海外進出支援を依頼し、苦労して海外に事業所や工場を持つことができたとしても、その後の事業運営に苦労する会社は後を絶ちません。本社が定期的に受け取っているレポートを鵜呑みにしていたがために、海外子会社の管理がおざなりになり、何か怪しいと思って本社の経理や監査部からチェックしに行くととんでもないことになっているという話も時々耳にします。海外進出する際に、海外子会社の管理の方針をどのように考えるかは大きなテーマです。

あがたグループでもまさに同じ問題に直面しています。あがた部品はもともとタイにある日系自動車工場向けに、日本の工場から製品を輸出していました

が、自動車の組立工場が世界中からタイに集積している点に目をつけ、日系以外の工場にも販路を拡大することを目的として販売子会社であるタイあがたを設立しました。

　実際に事業を運営してみると、子会社の管理という意味では問題は山積しています。子会社社長は新規の顧客を地道に開拓しており、週次で報告される売上実績は少しずつ増えているようです。このように販売数量、金額は定期的に報告が上がるようになっているものの、原価がどのくらいかかっているのかわからず、採算を把握できていません。日本から出向している総務担当者も会計・税務に明るいわけではないので、粗利が確保できているかどうかということも把握できていません。頼みの綱の会計事務所も信頼できず、こちらからお願いしないと月次の決算資料は送られてこず、何度か督促してようやく2、3か月後に送ってくるような状態です。

　このように管理を現地任せにしてしまったため、海外子会社はブラックボックスとなり、日本側では現地の状況がわからず大きな不安を抱えています。また、海外子会社からの業績報告が遅いため、グループトータルの状況をつかむのに時間がかかっています。

改善策の検討と実行

❶ グループ経営の必要性

　上記の問題点を解決するために連結決算を作成することにしました。ここで、なぜ連結決算とグループ経営が必要とされるのかを改めて考えてみたいと思います。

①　グループ経営が必要とされる背景

　グループ経営が必要とされる背景は、端的にいえば、グループの総力を挙げて経営に取り組まなければ、これからの厳しい生存競争に生き残っていけないからです。時代の変化はますます速くなり、モノを作れば売れる時代はとうに終わり、日本企業は国内外を問わず激しい国際競争に否応なくさらされるようになってきています。そのような環境下で企業経営は、ヒト・モノ・カネという経営資源を今後の成長が見込める分野に集中的に投下し、芽が開かないビジネスには見切りをつけ、ビジネスを拡大するチャンスを適時にとらえられるように常に情報の感度を高めていくことが求められます。そこでは、経営に関わる情報が迅速・正確に収集でき、経営意思決定をスピーディーに実行することが求められます。また、会社組織には経営資源を機動的に配分できる柔軟さと、意思決定過程のシンプルさも重要です。

　創業期を脱し、いわゆる中堅企業といわれるようになり、管理すべき会社数が増えてきた場合に、個社単位でなくグループ全体として経営が効果的・効率的に行われているかという大局的な視点、つまりグループ経営の視点が重要になります。グループ経営とは企業グループの全体最適を志向する経営手法です。グループが有する事業の強み・弱みを明らかにし、事業領域の重複・不足を解消し、経営資源（ヒト、モノ、カネ）の配分を見直し、グループ全体が歩むべき最適な道を示すことに本質があります。そこでは、グループ全体の利益にどのくらい貢献できたかが価値基準として重視されます。

第4章　連結決算の導入

企業活動の国際化、多様化に合わせてグループ経営のためのインフラも徐々に整ってきました。会計・税制では、2000年以降の会計ビッグバンにより企業情報が連結中心となったこと、2002年税制改正により連結納税制度が導入されたこと、また法制では、2006年に会社法が施行され組織再編が柔軟なものになったこと、などが挙げられます。

②　グループ経営と連結決算

グループ経営を行ううえで、連結決算は欠くことができません。

連結決算では、企業集団を1つの会計単位に擬制し、あたかも1つの企業が行動したかのようにみなして財政状態、経営成績を集計します。企業集団内の活動は取引にカウントされず、企業集団外との活動しか取引とみなされないため、グループ全体の真の実力がつかみやすく、グループ全体の業績を上げるためにどのような意思決定をするべきかを考えることができます。また、連結決算を組むうえでは各会社の会計方針や決算期は統一するのが原則とされ、各会社の業績評価を行うための基準をそろえることができます。このように、グループ経営を実行するためのツールとして連結決算があります。

2 連結決算とは

①　連結の概念

連結決算とは、企業グループを1つの会計単位とみなして親会社が作成する

図表4-2　連結の概念

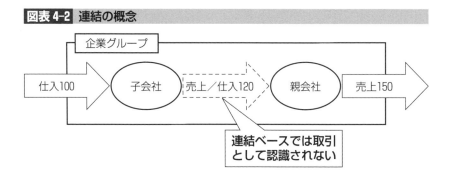

決算書をいいます。企業グループを1つの会計単位とみなすとは、グループ会社間の取引は内部取引にすぎないため集計せず、あくまでグループ会社以外の会社との取引を連結決算上集計するという意味です。

② 連結決算の作成手順

連結決算の作成手順は以下のとおりです。
▶各会社での個別決算の確定
▶個別決算書の合算
▶連結仕訳
▶連結精算表の作成

連結決算は、各会社が作成した個別決算書を合算することからスタートします。このため、すべての会社で個別決算を確定しなければ連結決算書は作成できない点に注意が必要です。次に、相殺消去すべき内部取引を集計し、連結仕訳を作成します。そして、合算した個別決算書に連結仕訳を加減算し、連結精算表を作成します。この連結精算表の科目を適宜集約したものがいわゆる連結決算書です。

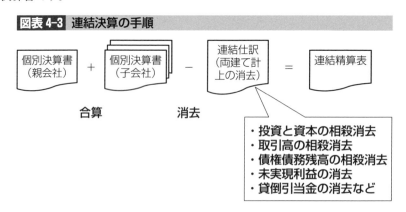

図表4-3 連結決算の手順

- 投資と資本の相殺消去
- 取引高の相殺消去
- 債権債務残高の相殺消去
- 未実現利益の消去
- 貸倒引当金の消去など

連結仕訳は消去する取引の種類により分類されており、主なものは以下のとおりです。
▶投資と資本の相殺消去

第4章　連結決算の導入

▶取引高の相殺消去
▶債権債務残高の相殺消去
▶未実現利益の消去
▶貸倒引当金の消去

合算、消去の手続をより具体的に表したのが図表4-4です。親会社と子会社の取引により、親会社の貸借対照表には子会社買掛金が100、子会社の貸借対照表には親会社売掛金が100計上されています。合算により作成される合算貸借対照表では、グループ内取引の売掛金と買掛金が資産と負債に両建てで計上されています。この両建て計上された売掛金と買掛金を相殺消去し、連結貸借対照表を作成します。

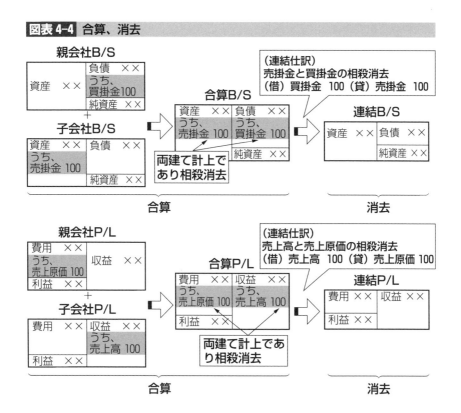

図表4-4　合算、消去

連結損益計算書を作成する場合も同様に、個別決算書を合算して作成される合算損益計算書から、両建て計上されている売上高と売上原価を相殺消去し、連結損益計算書を作成します。

③ 投資と資本の相殺消去

連結決算上、親会社の子会社に対する投資と、これに対応する子会社の資本を相殺消去する必要があります。

投資とは親会社の子会社に対する出資のことであり、親会社の貸借対照表上、投資その他の資産に計上されている関係会社株式、関係会社出資金等を指します。また、資本とは親会社の投資に対応する子会社の純資産を意味し、貸借対照表の純資産の部に計上されている資本金、資本剰余金、利益剰余金、評価・換算差額等を指します。

A 出資時点

(a) 100％子会社の設立

親会社が子会社を設立する場合、設立資金は親会社の口座から子会社の口座へ振り込まれますが、企業グループという観点では親会社から子会社へ資金移動しただけであり、経済的実態になんら影響を与えるものではありません。このため、親会社の個別決算書と子会社の個別決算書を合算した後、両建て計上されている資産及び純資産を修正するため、親会社の投資と子会社の資本を相殺消去します。なお、親会社が第三者から株式を取得し子会社化する場合であっても、株式の取得価額と引き換えに子会社の純資産を取得したという意味では、投資と資本を相殺消去すべきである点は変わりません。

図表4-5では、親会社の子会社に対する投資（関係会社株式）100と、これに対応する子会社の資本（純資産）100を相殺消去する処理を表しています。

(b) 80％子会社の設立

親会社の出資比率が100％でない場合も考えられます。

図表4-6は子会社の持分を親会社が80％、非支配株主（親会社以外の株主）が20％保有しているケースです。親会社の投資は関係会社株式100であり、

第4章　連結決算の導入

図表 4-5 投資と資本の相殺消去

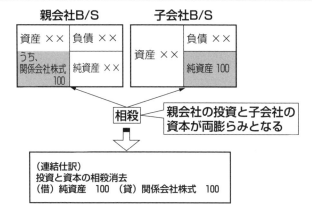

図表 4-6 非支配株主持分の計上（親会社が 80 ％保有）

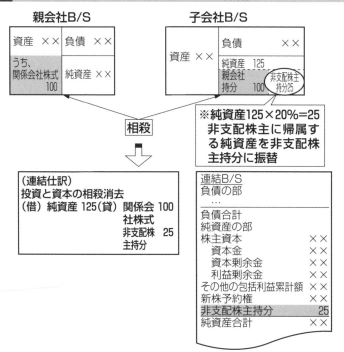

図表4-5と変わりはありません。親会社の投資に対応する子会社の資本（これは親会社持分といわれます）は、子会社純資産125に出資比率80％を乗じた100と計算され、これが相殺消去すべき金額となります。

一方、非支配株主が保有する純資産（これを非支配株主持分といいます）は、子会社純資産125に出資比率20％を乗じた25と計算されますが、これは「非支配株主持分」に振り替え、連結貸借対照表の純資産の部に計上します。

(c) 投資と資本の消去差額（のれん）がある場合

親会社の投資額と子会社の親会社持分が同額ではない場合も想定されます。なぜなら、会社の株価は市場の需給や将来の業績見込みなど、純資産とは関係なく決まるからです。つまり、将来その会社がもっと利益を稼ぐであろうという期待が強ければ投資額が高くなり、純資産より大きくなります。一方で、将来損失が生じるであろうという予想が強ければ、今の純資産よりも投資額は少なくて済みます。

連結決算上、投資と資本を相殺消去しますが、その際に消去差額が生じます。消去差額は「のれん」と呼ばれ、プラスの場合は資産の部に、マイナスの場合は利益に計上します。なお、のれんは無形の資産であり、企業の超過収益

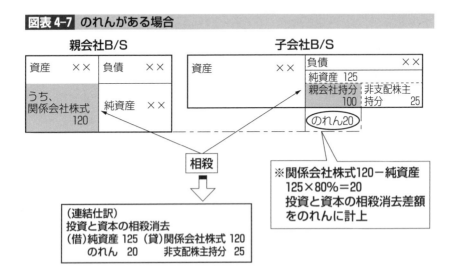

図表4-7 のれんがある場合

力の源泉であると説明されます。

図表4-7は、図表4-6と同じ子会社の株式80％を120で買った場合の、投資と資本の消去差額20をのれんに振り替える処理を表しています。

B　グループ化以降の処理

(a)　100％子会社の場合

100％子会社を設立した後、子会社は事業を行い、利益を計上します。出資比率が100％なので、この利益はすべて親会社の取り分です。連結決算上は、親会社と子会社の損益計算書を合算するのみで、相殺消去手続は要りません。

図表4-8は、子会社が10利益を獲得した場合の連結決算手続を表します。親会社と子会社の損益計算書を合算し、そのまま連結損益計算書を作成します。

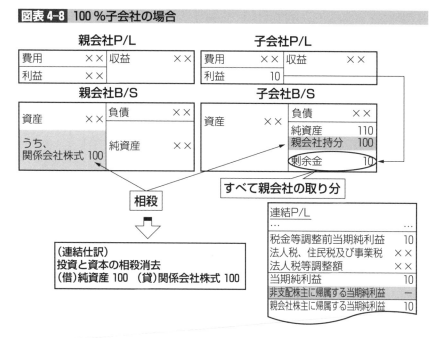

図表4-8　100％子会社の場合

(b)　80％子会社の場合

80％子会社の場合、子会社が稼いだ利益は親会社の取り分と、親会社以外の株主（非支配株主）の取り分に分けられます。連結決算上は、非支配株主の

図表 4-9 80％子会社の場合

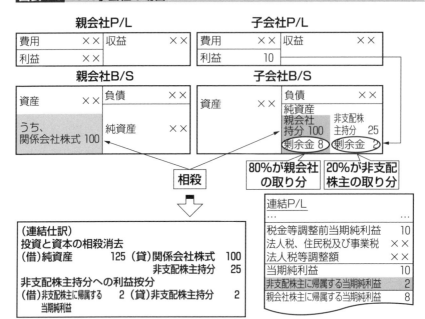

取り分を子会社の利益から差し引き、その金額を非支配株主持分に加えます。

図表4-9は、子会社が10利益を獲得した場合の連結決算手続を表します。親会社と子会社の損益計算書を合算するまでは100％子会社の場合と同様ですが、その後非支配株主の取り分を子会社の利益から差し引いている点が異なります。非支配株主に按分された利益は「非支配株主に帰属する当期純利益」と呼ばれ、連結損益計算書の当期純利益の下に計上します。

　（c）のれんがある場合

現在の日本の会計基準上は、のれんは超過収益を見込んだ期間（最長20年）にわたり償却することとされています。連結決算上は、のれんの償却期間を定め、毎期規則的に償却することが必要です。なお、負ののれんについては一時に収益（特別利益）計上されます。

図表4-10は図表4-7の場合ののれん償却の説明です。のれん償却期間は最長20年ですがここでは5年とします。図表4-7でのれんは20発生しています

図表4-10 のれんがある場合

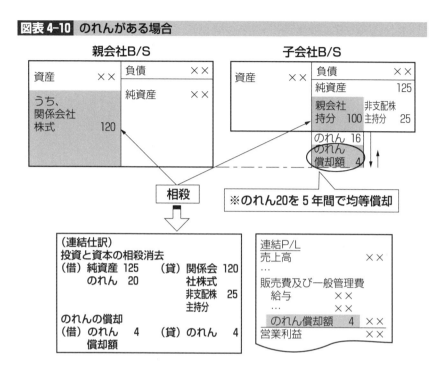

から、毎年4ずつの償却が必要となります。その結果、連結貸借対照表ののれんが同額ずつ減少していくことになります。

あがたグループはすべて100％子会社であるため、以下の④〜⑥の処理は100％子会社を前提にして解説します。なお、税効果は考慮しません。また、本書では「親会社株主に帰属する当期純利益」を「当期純利益」と記載します。

④ グループ間取引の相殺消去

A グループ間で取引高、債権債務残高がある場合

グループ間で売上、仕入などの取引がある場合、個別決算書には企業グループ外との取引だけでなく、企業グループ内の取引も計上されています。連結決算を行ううえでは、個別決算書を合算しただけでは、グループ内の取引が両建

第2部　グループ経営手法

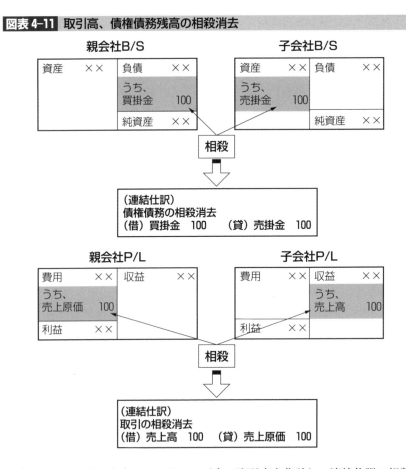

図表 4-11　取引高、債権債務残高の相殺消去

て計上されてしまいますので、グループ内の取引高を集計し、連結仕訳で相殺消去します。グループ間で債権債務残高がある場合も同様に、連結仕訳でグループ内の債権と債務を相殺消去します。

図表4-11は、子会社は親会社に売上高100を、親会社は子会社より仕入高100を計上している場合の相殺消去を表しています。同様に、子会社は親会社に売掛金100を、親会社は子会社に買掛金100を保有している場合の相殺消去を表しています。

なお、実務上は上記のような単純なケースだけではなく、さまざまなケース

-102-

図表4-12 取引高照合表、債権債務残高照合表

親会社B/S

資産 ××	負債 ××
うち、立替金 10	うち、買掛金 80
	うち、未払金 20
	純資産 ××

子会社B/S

資産 ××	負債 ××
うち、売掛金 100	うち、未払金 10
	純資産 ××

親会社P/L

費用 ××	収益 ××
うち、売上原価100	うち、家賃収入 10
利益 ××	

子会社P/L

費用 ××	収益 ××
うち、地代家賃 10	うち、売上高 100
利益 ××	

⇩ 照合表を作成し、取引高や債権債務残高の合致を確認

親会社

勘定科目	金額
立替金	10
債権計	10
買掛金	(80)
未払金	(20)
債務計	(100)
売上原価	100
売上原価計	100
家賃収入	(10)
営業外収益計	(10)

子会社

勘定科目	金額
未払金	(10)
債務計	(10)
売掛金	100
債権計	100
売上高	(100)
売上高計	(100)
地代家賃	10
販管費計	10

（注）（ ）は貸方を表します。

が考えられます。例えば、子会社が親会社に賃料を支払っている場合、親会社側では賃料収入を営業外収益に計上する処理や、販売費及び一般管理費のマイナスとする処理が考えられます。また、子会社が親会社から物流業務を受託している場合、子会社は受託収入を売上高に、親会社は物流費を販売費及び一般管理費に計上する処理が考えられます。このため、図表4-12のようにグループ会社間で取引高照合表や債権債務残高照合表を作成し、お互いの認識に相違がないかどうか決算時に確かめることが必要です。

図表4-13 受取配当金の処理（100％子会社の場合）

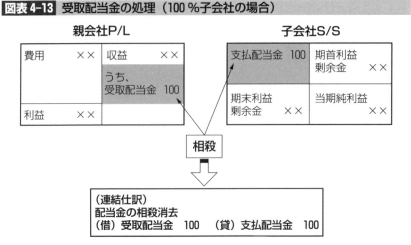

なお、グループ会社数が多い場合や取引が多岐にわたる場合では、グループ会社間の取引高、債権債務残高が一致しないこともあります。その場合、不一致の原因を調査し、親子間の残高を合わせるように修正することが原則です。差額が重要でなければ、親会社の残高に合わせて相殺消去する、差額をその他などの勘定に振り替えて残額を消去する等の簡便的な処理も認められています。

B 子会社が配当金を支払った場合

子会社が親会社に配当を行った場合、持株会社である親会社の損益計算書には受取配当金が売上高に計上されます（一般の事業会社の場合は営業外収益に計上されます）。また、子会社の株主資本等変動計算書（以下「S/S」といいます）に配当金の支払額が同額計上されています。グループ会社同士で配当金のやり取りをしたとしても、企業グループという観点ではグループ内で資金移動したにすぎないため、これを相殺消去します。

⑤ 貸倒引当金の消去

A グループ会社に対して貸倒引当金がある場合

④Aではグループ会社に対する債権債務残高を相殺消去する処理を確認しました。ここで、個別決算において相殺消去した債権に対して貸倒引当金を設

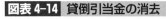

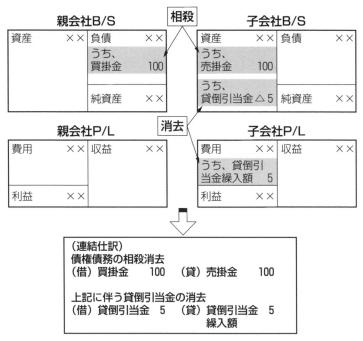

図表4-14 貸倒引当金の消去

定している場合があります。設定対象となる債権がなくなるのですから、この場合貸倒引当金も消去しなければなりません。

図表4-14では、子会社が親会社に売掛金100を有し、貸倒引当金5を計上しています。連結決算上は債権債務残高を相殺消去するとともに、貸倒引当金繰入額及び貸倒引当金を消去します。

B 翌期以降の処理

図表4-15では、図表4-14の翌期に子会社が親会社向け債権に対する貸倒引当金を5積み増しています。連結決算上、債権債務残高120を相殺消去し、また貸倒引当金、貸倒引当金繰入額10を消去する点は変わりません。

前期末に計上した貸倒引当金5は、当期の子会社の損益計算書で貸倒引当金戻入益5として計上されています。また、前期に計上した貸倒引当金繰入額5は、株主資本等変動計算書において期首利益剰余金の減少として純資産を減少

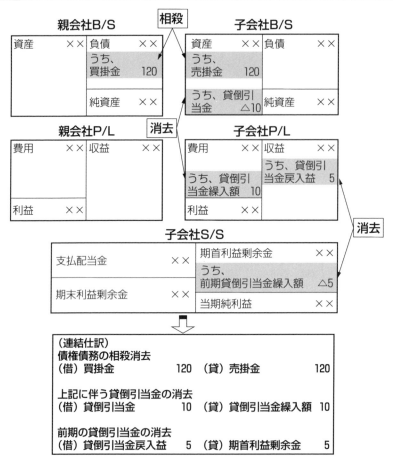

図表 4-15　1年後の貸倒引当金の消去

させています。このため、連結決算上は貸倒引当金戻入益5と期首利益剰余金マイナス5を消去します。

⑥　未実現利益の消去

A　当期の処理

(a) たな卸資産

図表4-16 未実現利益の消去（期末在庫）

個別決算上の処理

仕入100 → 子会社 → 売上／仕入120 → 親会社 → 在庫120

（連結仕訳）
未実現利益の消去
（借）売上原価 20　（貸）たな卸資産 20

連結上あるべき処理

仕入100 → 子会社 → 在庫移動100 → 親会社 → 在庫100

連結ベースでは取引として認識されない

図表4-17 未実現利益（期末在庫）に関連する各社の決算書

親会社B/S

資産　　　××	負債　　　××
うち、たな卸資産 20	純資産　　××

子会社B/S

資産　　　××	負債　　　××
	純資産　　××

親会社P/L

費用　　　××	収益　　　××
利益　　　××	

子会社P/L

費用　　　××	収益　　　××
利益　　　××	
うち、未実現利益 20	

消去

　グループ会社間でたな卸資産の売買を行った場合、グループ会社間の売上高と仕入高は連結決算上相殺消去することは先ほど触れましたが、期末にたな卸資産が企業集団内にとどまっている場合には未実現利益の調整が必要となります。

図表4-16では、子会社は外部より100仕入れ、親会社に120で販売、親会社は期末に子会社から仕入れたたな卸資産を保有しています。企業グループという観点からは、たな卸資産の保管場所が子会社から親会社に変わったにすぎないため、外部から100仕入れ、期末にたな卸資産100を保有しているというのが連結決算上あるべき処理です。ここで、子会社の売上高120と親会社の仕入高120を相殺消去するだけでは連結仕訳としては不足です。子会社は親会社に20の内部利益を付加して販売しており、親会社が期末に保有しているたな卸資産も同額膨らんでいます。連結決算上は、これらを消去する必要があります。このように、企業グループ内の取引で付加され、まだグループ外に販売されておらず実現していない利益を未実現利益といい、連結決算上は消去の対象とされます。

　(b)　固定資産

　グループ会社間で固定資産の売買を行った場合もたな卸資産の場合と同様に、未実現利益の調整が必要となります。

図表4-18　未実現利益の消去（固定資産）

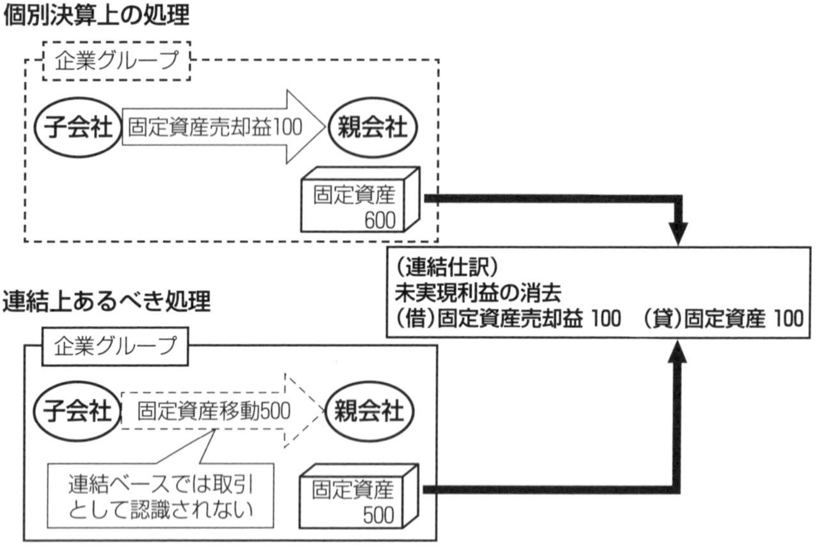

個別決算上の処理

子会社 ─固定資産売却益100→ 親会社
　　　　　　　　　　　　　　　固定資産 600

連結上あるべき処理

子会社 ─固定資産移動500⇢ 親会社
連結ベースでは取引として認識されない
　　　　　　　　　　　　　　　固定資産 500

（連結仕訳）
未実現利益の消去
（借）固定資産売却益 100　（貸）固定資産 100

figure 4-18 では、子会社は親会社へ簿価 500 の固定資産を 600 で売却し、固定資産売却益 100 を計上しています。親会社には固定資産 600 が計上されています。企業グループという観点からは、この固定資産売買は固定資産の保管場所の変更にすぎず、取引は実現していないと考えます。このため、固定資産売却益は未実現利益として消去し、固定資産の簿価 100 を減少させる必要があります。

B　翌期の処理

（a）　たな卸資産

図表 4-19 では、図表 4-16 の翌期に親会社が前期に子会社から仕入れたたな卸資産を外部にすべて販売しています。

親会社の個別決算上は、外部売上 150 に対する売上原価は 120 と記帳されています。また、子会社の個別決算上は、前期に親会社への売上で計上された利益は期首利益剰余金の増加 20 として純資産を増加させています。一方で、連結決算上は、外部売上 150 に対する売上原価は、子会社が付加した内部利益 20 を除いた 100 であるべきです。このため、連結決算上は売上原価 20 と期首

図表 4-19　未実現利益の消去（期首在庫）

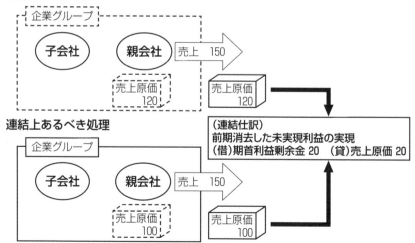

第2部　グループ経営手法

図表 4-20 未実現利益（期首在庫）に関連する各社の決算書

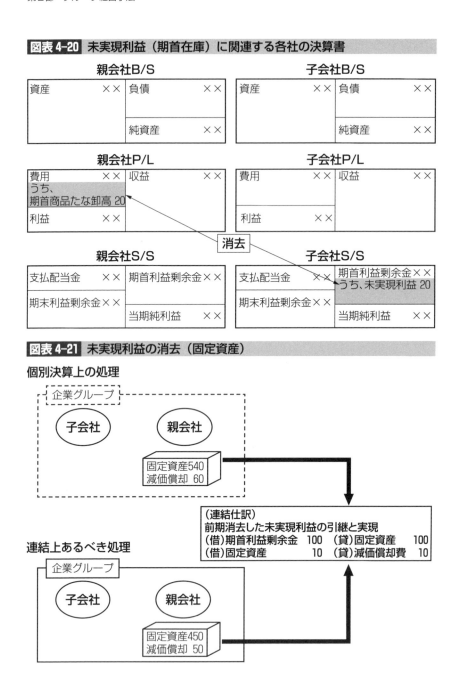

図表 4-21 未実現利益の消去（固定資産）

利益剰余金 20 を消去します。

(b) 固定資産

図表 4-21 では、図表 4-18 の翌期において、親会社は子会社から購入した固定資産の減価償却費を計上する処理を表します。

親会社の個別決算上は、前期より引き継いだ固定資産 600 に対して減価償却費を 60 計上し、差引き 540 の固定資産が貸借対照表に計上されています。一方、子会社の個別決算上は、前期に計上された固定資産売却益が純資産を 100 増加させています。連結決算上あるべき処理は、前期の固定資産売却益を取り消すとともに、簿価 500 の固定資産の減価償却費を 50 計上し、差引き 450 の固定資産を貸借対照表に計上するべきです。このため、連結決算上は期首利益剰余金を 100、固定資産を 90（＝100－10）、減価償却費を 10 それぞれ減少させる必要があります。

このように、未実現利益を付加した固定資産の減価償却を行った場合、未実現利益が一部実現したと考え、減価償却費を通じて固定資産の簿価を増加させます。

⑦ 海外子会社の決算書の換算

海外の子会社では現地通貨建てで決算書を作成していますので、外貨建ての決算書を日本円に換算して、合算、相殺消去を考える必要があります。

為替レートは日々刻々と変動しています。海外子会社の決算書も取引が発生したつどその時の為替レートで換算していけば正確な換算ができますが、取引量を考えると現実的な選択肢ではありません。会計基準では以下のように簡便に換算することを認めています。

A 貸借対照表

資産、負債：期末日レート（Current rate（以下「CR」といいます））で換算します。ただし、親会社との債権債務は親会社の使用するレートで換算します。

純資産：発生時レート（Historical rate（以下「HR」といいます））で換算します。具体的には、資本金、資本剰余金については出資時の為替レートで換

算します。利益剰余金は各決算期に獲得した利益の積み重ねであるため、各決算期におけるレートで換算します。資産、負債、純資産の換算により生じた貸借差額は「為替換算調整勘定」とします。

B 損益計算書

損益：期中平均レート（Average rate（以下「AR」といいます））か、期末日レート（CR）で換算します。ただし、親会社との取引は親会社の使用するレートで換算します。

C 株主資本等変動計算書

基本的には発生時レート（HR）で換算しますが、親会社への配当金支払は

図表 4-22　海外子会社の決算書の換算イメージ

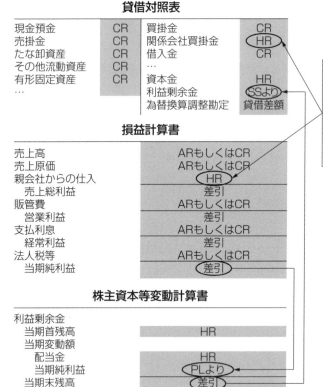

親会社の使用するレートで換算します。また、当期純利益は損益計算書に合わせます。

これらを図示すると図表4-22のようになります。

D　為替換算調整勘定

換算後の貸借対照表に見慣れない「為替換算調整勘定」が残っています。為替換算調整勘定とは、海外子会社に対する為替レートの変動により生じた含み損益を表します。

以下に、為替レートが変動した場合の2会計期間の決算書の換算を表します。為替レートの推移と子会社の活動は以下のとおりであったと仮定します。

	レート	活動
×1年3月31日	CR＝1ドル100円	子会社設立、×1期決算
×1年4月1日～×2年3月31日	AR＝1ドル90円	1年間営業活動を実施
×2年3月31日	CR＝1ドル80円	×2期決算

(a) 第1期貸借対照表（×1年3月31日決算）

子会社を設立したばかりであり、為替レートの変動がないため、資産、負債、純資産とも1ドル100円で換算され、貸借差額である為替換算調整勘定はゼロとなります。

図表4-23　為替換算調整勘定　第1期

貸借対照表（×1年3月31日）

	外貨	レート	円貨		外貨	レート	円貨
資産	10千ドル	CR(1ドル100円)	1,000千円	負債	5千ドル	CR(1ドル100円)	500千円
				資本金	5千ドル	HR(1ドル100円)	500千円
				為替換算調整勘定	－	－	なし

(b) 第2期貸借対照表、損益計算書（×2年3月31日決算）

翌会計期間の経営成績である損益計算書は、AR：1ドル90円で換算されます。×2年3月31日では、資産、負債はCR：1ドル80円で換算されます。純資産のうち資本金はHR（1ドル100円）、利益剰余金はAR（1ドル90円）

で換算された当期純利益です。

図表4-24 為替換算調整勘定　第2期

損益計算書（×1年4月1日～×2年3月31日）

	外貨	レート	円貨		外貨	レート	円貨
費用	8千ドル	AR(1ドル90円)	720千円	収益	10千ドル	AR(1ドル90円)	900千円
当期純利益	2千ドル	AR(1ドル90円)	180千円				

貸借対照表（×2年3月31日）

	外貨	レート	円貨		外貨	レート	円貨
資産	12千ドル	CR(1ドル80円)	960千円	負債	5千ドル	CR(1ドル80円)	400千円
				資本金	5千ドル	HR(1ドル100円)	500千円
				利益剰余金	2千ドル	AR(1ドル90円)	180千円
				為替換算調整勘定	－	貸借差額	△120千円

①資本金5千ドル×(CR1ドル80円－HR1ドル100円)＝△100千円
②利益剰余金2千ドル×(CR1ドル80円－AR1ドル90円)＝△20千円

(c) 為替換算調整勘定の発生要因

×2年3月31日の貸借対照表ではレート換算による貸借差額が生じ、為替換算調整勘定が発生します。この換算差額は2つの要因からなります。1つは、資本金をHR（1ドル100円）で換算している影響です。これは、HR（1ドル100円）とCR（1ドル80円）の差異1ドル△20円に、資本金5千ドルを乗じた△100千円と表せます。もう1つの要因は、利益剰余金をAR（1ドル90円）で換算している影響です。これは、AR（1ドル90円）とCR（1ドル80円）の差異1ドル△10円に、当期純利益2千ドルを乗じた△20千円と表せます。為替換算調整勘定はこの2つの要因に分解できます。

為替換算調整勘定は、円高が進んだことにより外貨建ての持分に含み損が生じている状態を表します（円安に進んだ場合には、含み益の方向に作用します）。この含み損益は海外子会社を清算や売却する時に実現するので、すぐに損失計上（もしくは利益計上）する必要はないものです。しかし、将来いつかは実現する時が来るため、含み損益の状況として経営上留意することが必要です。

⑧ 開始仕訳

投資と資本の相殺消去、貸倒引当金の調整、未実現利益の消去で、翌期の連結決算上の処理について説明してきました。翌期でどのように処理すべきかを理解することは連結決算書を作成するにあたって不可欠な事項なので、ここで改めて取り上げます。

連結決算書は個別決算書を合算し、連結仕訳を加減算して作成されます。翌年度も同様の手順で作成されますが、連結仕訳は個別決算の枠外で行われるため、連結仕訳のデータは個別決算上引き継がれておらず、翌年度の個別決算書には前年度の連結仕訳は織り込まれていません。このため、連結決算書を作成するためには過年度の連結仕訳をすべて管理しておく必要があります。

ただし、当年度の連結決算書を作成するうえでは、前年度の取引高や債権債務残高は関係ありません。関係してくるのは、期首剰余金や非支配株主持分などの純資産項目に影響を与える仕訳です。この純資産に影響を与える過年度の連結仕訳の累積を開始仕訳といいます。

⑨ 連結精算表

個別決算書を合算し、連結仕訳を加減算したものが連結精算表です。ここではわかりやすく、投資と資本の相殺消去、取引高、債権債務残高の相殺消去しか連結仕訳はないものとします。

【前提条件】
- ▶親会社は500で子会社を設立した。
- ▶子会社は親会社に800の売掛金を有し、親会社は子会社に800の買掛金を有している。
- ▶子会社は親会社に1,500売り上げ、親会社は子会社から1,500仕入れている。

【連結精算表、連結仕訳】

図表4-25 連結精算表の例

×1期

	親会社	子会社	合計	投資と資本の相殺消去	債権債務消去	取引消去	合計
現金預金	300	400	700				700
売掛金	500	800	1,300		(800)		500
関係会社株式	500	0	500	(500)			0
資産合計	1,300	1,200	2,500	(500)	(800)	0	1,200
買掛金	(800)	(600)	(1,400)		800		(600)
資本金	(200)	(500)	(700)	500			(200)
利益剰余金	(300)	(100)	(400)	0	0	0	(400)
負債純資産合計	(1,300)	(1,200)	(2,500)	500	800	0	(1,200)
売上高	(2,000)	(1,500)	(3,500)			1,500	(2,000)
売上原価	1,500	1,200	2,700			(1,500)	1,200
販管費	300	200	500				500
営業利益	(200)	(100)	(300)	0	0	0	(300)
当期純利益	(200)	(100)	(300)	0	0	0	(300)
期首利益剰余金	(100)	0	(100)				(100)
当期純利益	(200)	(100)	(300)	0	0	0	(300)
期末利益剰余金	(300)	(100)	(400)	0	0	0	(400)

合算 / 前期連結精算表と一致 / 消去

(注)（ ）は貸方を表します。

【投資と資本の消去】

(借) 資　本　金	500	(貸) 関 係 会 社 株 式	500

【債権債務消去】

(借) 買　掛　金	800	(貸) 売　掛　金	800

【取引消去】

(借) 売　上　高	1,500	(貸) 売 上 原 価	1,500

【連結精算表作成のポイント】

連結精算表を作成するうえでは、貸借対照表、損益計算書、株主資本等変動計算書の整合性を確認することが重要です。具体的には、以下の項目が一致していることを確認しながら作成することが必要です。

- ▶貸借対照表「資産合計」と「負債純資産合計」
- ▶損益計算書「当期純利益」と株主資本等変動計算書「当期純利益」
- ▶貸借対照表「利益剰余金」と株主資本等変動計算書「期末利益剰余金」

また、すべての開始仕訳を入れた後に、期首利益剰余金が前期の連結精算表の期末利益剰余金と合うかどうかを確認することも重要です。これにより、開始仕訳の漏れがないかどうかを確認することができます。

⑩ 連結キャッシュ・フロー計算書

連結キャッシュ・フロー計算書とは、その企業グループが1年間でキャッシュ（現金及び現金同等物）をどのように獲得し、あるいはどのように使用したのかを表す決算書です。それを見れば、その企業グループが営業活動でキャッシュをいくら稼いだのか、キャッシュをいくら投資に回したり借入金の返済にあてたかがわかります。

連結キャッシュ・フロー計算書の作成方法について説明します。

A　概要

連結キャッシュ・フロー計算書では、1年間のキャッシュの増減を営業活動によるキャッシュ・フロー、投資活動によるキャッシュ・フロー及び財務活動によるキャッシュ・フローの3つに区分して表します。営業活動によるキャッシュ・フローには、商品の販売による収入、商品の購入による支出などの営業活動により生じた取引を記載します。投資活動によるキャッシュ・フローには、固定資産の取得及び売却などの設備投資や投資有価証券の取得及び売却などのキャッシュの増減を記載します。財務活動によるキャッシュ・フローには、借入金の借入・返済による収入・支出や増資による収入、配当金の支払などを記載します。

また、1年間のキャッシュの増減に現金及び現金同等物の期首残高を加算し、期末残高を算出します。

図表4-26 連結キャッシュ・フロー計算書

```
連結C/F
 Ⅰ  営業活動によるキャッシュ・フロー
    …                                    ××
 Ⅱ  投資活動によるキャッシュ・フロー
    …                                    ××
 Ⅲ  財務活動によるキャッシュ・フロー
    …                                    ××
 Ⅳ  現金及び現金同等物の増減額            ××
 Ⅴ  現金及び現金同等物期首残高            ××
 Ⅵ  現金及び現金同等物期末残高            ××
```

なお、営業活動によるキャッシュ・フローは、直接法と間接法という2種類の表示方法があります。直接法とは主要な取引ごとに収入、支出を表示する方法です。また、間接法とは純利益に調整項目を加減して表示する方法です。直接法はすべての取引から営業取引に該当する収入、支出を集計しなければならないため煩雑です。実務上は間接法を採用することが一般的であるため、以下の説明では間接法による連結キャッシュ・フロー計算書を前提とします。

B　営業活動によるキャッシュ・フローの算出

営業活動によるキャッシュ・フローを算出するためには、キャッシュ・フロー計算書と貸借対照表、損益計算書の関係性を理解する必要があります。

（a）ストックとフローの関係

決算書は一時点の財産を表すストック情報と、一期間の成績を表すフロー情報に分けられます。貸借対照表はストック情報であり、損益計算書、株主資本等変動計算書、キャッシュ・フロー計算書はフロー情報です。ここで、期首のストック情報にフロー情報を加算したものが期末のストック情報となります。すなわち、期首と期末の貸借対照表の差額は必ずフロー情報と一致し、現金及び現金同等物の期首残高と期末残高の差額を要因別に分解したものがキャッ

図表 4-27 直接法と間接法

連結C/F(直接法)

Ⅰ　営業活動によるキャッシュ・フロー
　　営業収入　　　　　　　　　　　　××
　　原材料又は商品の仕入支出　　　　××
　　人件費支出　　　　　　　　　　　××
　　その他の営業支出　　　　　　　　××
　　…　　　　　　　　　　　　　　　××
　　営業活動によるキャッシュ・
　　フロー　　　　　　　　　　　　　××
Ⅱ　投資活動によるキャッシュ・フロー
　　…　　　　　　　　　　　　　　　××
Ⅲ　財務活動によるキャッシュ・フロー
　　…　　　　　　　　　　　　　　　××
Ⅳ　現金及び現金同等物の増減額　　　××
Ⅴ　現金及び現金同等物期首残高　　　××
Ⅵ　現金及び現金同等物期末残高　　　××

連結C/F(間接法)

Ⅰ　営業活動によるキャッシュ・フロー
　　税金等調整前当期純利益　　　　　××
　　減価償却費　　　　　　　　　　　××
　　貸倒引当金の増減額　　　　　　　××
　　売上債権の増減額　　　　　　　　××
　　仕入債務の増減額　　　　　　　　××
　　…　　　　　　　　　　　　　　　××
　　営業活動によるキャッシュ・
　　フロー　　　　　　　　　　　　　××
Ⅱ　投資活動によるキャッシュ・フロー
　　…　　　　　　　　　　　　　　　××
Ⅲ　財務活動によるキャッシュ・フロー
　　…　　　　　　　　　　　　　　　××
Ⅳ　現金及び現金同等物の増減額　　　××
Ⅴ　現金及び現金同等物期首残高　　　××
Ⅵ　現金及び現金同等物期末残高　　　××

図表 4-28 ストックとフロー

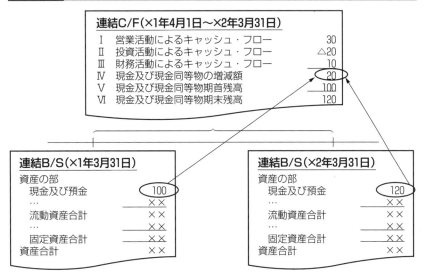

(注)　実際は、現金及び預金以外にも、流動資産に計上されている有価証券等をキャッシュの範囲に含めてキャッシュ・フロー計算書を作成しています。

(b) 利益と営業キャッシュ・フローの関係

損益計算書上の営業利益とキャッシュ・フロー計算書上の営業活動によるキャッシュ・フローは、両者ともフロー情報であるものの、営業利益＝営業キャッシュ・フローとはなりません。これは、損益の認識時点とキャッシュ増減の認識時点にタイムラグがあるためです。例えば掛売上を計上する場合、売上高（すなわち利益）が損益計算書に計上されますが、掛売上の代金を回収して初めてキャッシュの増加として認識されます。

図表4-29のように損益計算書の利益に、関連する貸借対照表項目の期首残高と期末残高の差額を加減算したものがキャッシュ増減となることを表します。

(c) 非資金損益項目

他にも、損益計算書上で営業利益として認識されるものの、キャッシュの増減として認識されない取引があります。例えば、企業が設備投資を行い取得した固定資産は、減価償却により費用化されますが、キャッシュの増減として認識するタイミングは固定資産を取得した時であり、減価償却費を計上した時ではありません。一方で減価償却費は営業利益計算に含まれるため、営業利益と営業キャッシュ・フローの差異の要因となります。このように、キャッシュの

図表4-29 利益と営業キャッシュ・フロー

連結P/L	
売上高	××
…	××
税金等調整前当期純利益	900

売掛金			
期首残高	500	期末残高	400
		期首期末増減	100
売上高の計上	××	資金の回収	××

連結C/F（間接法）	
Ⅰ　営業活動によるキャッシュ・フロー	
税金等調整前当期純利益	900
…	××
売上債権の増減額	100
…	××
営業活動によるキャッシュ・フロー	1,000

営業キャッシュ・フロー1,000
＝利益の計上900＋期首期末増減100

図表4-30 投資活動、財務活動に含まれる損益項目の調整

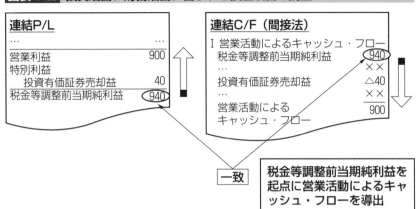

増減を伴わずに損益計算の対象とされた取引は非資金損益項目と呼ばれ、減価償却費以外にも引当金繰入額等が該当します。

(d) 投資活動、財務活動によるキャッシュ・フローに含まれる損益項目

先ほど述べたように、間接法では営業活動によるキャッシュ・フローは利益に調整項目を加減して表示します。すなわち、税引前当期純利益（連結損益計算書では税金等調整前当期純利益）に調整項目を加減算し、営業キャッシュ・フローを算出しますが、税引前当期純利益と営業利益の間には有価証券売却損益など、営業活動には含まれないがキャッシュの増減に関係する取引が損益取引として計上されています。このような投資活動、財務活動によるキャッシュ・フローに含まれる損益も、営業活動によるキャッシュ・フローの算出にあたっての調整項目の1つとされます。

(e) 営業活動によるキャッシュ・フローの算出

上記をまとめると、営業活動によるキャッシュ・フローは以下のように整理できます。

図表 4-31 営業活動によるキャッシュ・フロー

```
連結C/F（間接法）
Ⅰ  営業活動によるキャッシュ・フロー
     税金等調整前当期純利益          ××
     減価償却費                     ××  ┐
     貸倒引当金の増加額              ××  ├ 非資金損益項目
     …                            ××  ┘
     投資有価証券売却益              ××  ┐ 投資活動、財務活動に
     …                            ××  ┘ 含まれる損益項目
     売上債権の増減額                ××  ┐ 営業活動に係るB/S項
     たな卸資産の増減額              ××  ├ 目の期首期末差額
     …                            ××  ┘
     営業活動によるキャッシュ・フロー  ××

Ⅱ  投資活動によるキャッシュ・フロー    ××
Ⅲ  財務活動によるキャッシュ・フロー    ××
Ⅳ  現金及び現金同等物の増減額        ××
Ⅴ  現金及び現金同等物期首残高        ××
Ⅵ  現金及び現金同等物期末残高        ××
```

　　　税引前当期純利益
± 　非資金損益項目
± 　投資活動、財務活動に含まれる損益項目
± 　営業活動に関連する貸借対照表項目の期首期末増減
= 　営業活動によるキャッシュ・フロー

C 投資活動、財務活動によるキャッシュ・フローの算出

投資活動によるキャッシュ・フローは、以下のような取引が記載されます。

▶固定資産の取得による支出、売却による収入

▶有価証券の取得による支出、売却による収入

▶貸付金の貸付による支出、回収による収入

また、財務活動によるキャッシュ・フローは、以下のような取引が記載されます。

▶株式の発行による収入

図表4-32 勘定分析と投資活動、財務活動によるキャッシュ・フロー

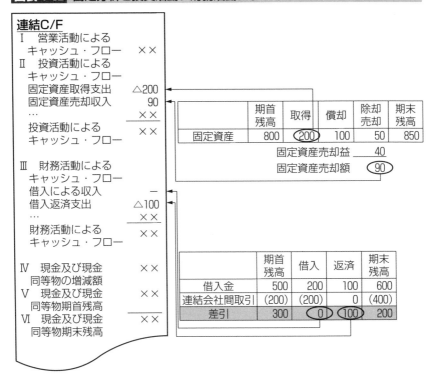

▶配当金の支払額

▶社債の発行による収入、償還による支出

▶借入金の借入による収入、返済による支出

キャッシュの増減は貸借対照表の期首、期末の差額と一致しますので、関連する勘定科目ごとに図表4-32のような勘定分析を行い、キャッシュの増加、減少を集計します。なお、連結キャッシュ・フロー計算書において、連結グループ内取引は取引として集計されないため、勘定分析を行う場合も連結会社間取引を相殺消去してキャッシュの増加、減少を集計することが必要です。

D 連結キャッシュ・フロー精算表

連結キャッシュ・フロー計算書を作成するには連結キャッシュ・フロー精算

図表 4-33 連結キャッシュ・フロー精算表の例

	×1期連結B/S	×2期連結B/S	差引	固定資産	借入金	資産負債増減	利益剰余金	現金及び預金振替	合計
現金預金	700	650	(50)					50	0
売掛金	500	400	(100)			100			0
有形無形固定資産	800	850	50	(50)					0
買掛金	(600)	(500)	100			(100)			0
長期借入金	(300)	(200)	100		(100)				0
資本金	(200)	(200)	0						0
利益剰余金	(900)	(1,000)	(100)	0	0		100		0
合計	0	0	0	(50)	(100)	0	100	50	0
Ⅰ 営業活動によるキャッシュ・フロー									
税金等調整前当期純利益							100		100
減価償却費				100					100
支払利息					40				40
固定資産売却益				(40)					(40)
売上債権の増減額						100			100
仕入債務の増減額						(100)			(100)
小計				60	40	0	100	0	200
利息の支払額					(40)				(40)
営業活動によるキャッシュ・フロー				60	0	0	100	0	160
Ⅱ 投資活動によるキャッシュ・フロー									
固定資産取得支出				(200)					(200)
固定資産売却収入				90					90
投資活動によるキャッシュ・フロー				(110)	0	0	0	0	(110)
Ⅲ 財務活動によるキャッシュ・フロー									
借入による収入					0				0
借入返済支出					(100)				(100)
財務活動によるキャッシュ・フロー				0	(100)	0	0	0	(100)
Ⅳ 現金及び現金同等物の増減額				(50)	(100)	0	100	0	(50)
Ⅴ 現金及び現金同等物の期首残高								700	700
Ⅵ 現金及び現金同等物の期末残高				(50)	(100)	0	100	700	650

(注) ( ) は貸方を表します。

表が必要になります。連結キャッシュ・フロー精算表では、連結貸借対照表の期首残高と期末残高の差額を計算し、営業活動、投資活動、財務活動によるキャッシュ・フローに集計します。連結キャッシュ・フロー精算表の作成にあたっては、以下の点に留意しながら作成することが必要です。

▶連結キャッシュ・フロー計算書と連結損益計算書の整合性
▶連結貸借対照表の期首期末差額がすべて連結キャッシュ・フロー計算書に集計されているかどうか

E　海外子会社がある場合の連結キャッシュ・フロー精算表

最後に、海外子会社がある場合の連結キャッシュ・フロー精算表を説明します。海外子会社がある場合、海外子会社の貸借対照表の資産負債はCR（決算時レート）で、純資産はHR（発生時レート）で換算し、差額は為替換算調整勘定とされます。このため、連結貸借対照表の期首残高と期末残高の差額には、前期と当期の決算時の為替相場の変動による影響額が含まれます。この影響額は外貨換算により生じたもので、キャッシュ・フローを伴うものではありません。このため、連結貸借対照表の期首残高と期末残高の差額から為替相場の変動による影響額を差し引いて、キャッシュ・フローに影響させないよう図表4-34のように調整します。

海外子会社の外貨建て貸借対照表の期首期末増減に、収益費用の換算レート（AR又はCR）を乗じた金額は、キャッシュ・フローを伴うものとして、それ以外は為替相場の変動による円貨増減額とみなします。そのうちキャッシュ・フローを伴うもののみ連結キャッシュ・フロー精算表上で集計し、為替相場の変動による円貨増減額は為替換算調整勘定の増減と相殺します。

⑪　連結決算上の留意点

A　会計方針の統一

今まで見てきたように、連結決算書は個別決算書の合算を基礎としています。ここで、各会社の会計処理方法や勘定科目体系が統一されていなかったりした場合は、作成される連結決算書は有用なものとはなりません。連結決算書

第2部 グループ経営手法

図表4-34 連結キャッシュ・フロー精算表(外貨換算あり)の例

換算差額の分析

	外貨額(千ドル)			円貨額(千円)			⑤-④-⑥換算差額(千円)	⑤-④円ベース増減(千円)	
	×1期BS①	×2期BS②	増減③	×1期BS①×100円④	×2期BS②×80円⑤	増減③×90円⑥			
現金預金	5	6	1	500	480	90	(110)	(20)	×1期末レート 1ドル100円
売掛金	5	6	1	500	480	90	(110)	(20)	×2期末レート 1ドル80円
有形無形固定資産	0	0	0	0	0	0	0	0	×2期期中平均レート 1ドル90円
買掛金	(5)	(5)	0	(500)	(400)	0	100	100	
長期借入金	0	0	0	0	0	0	0	0	
資本金	(5)	(5)	0	(500)	(500)	0	0	0	
利益剰余金	0	(2)	(2)	0	(180)	(180)	0	(180)	
為替換算調整勘定	0	0	0	0	120	0	120	120	
合計	0	0	0	0	0	0	0	0	

為替相場の変動による円貨増減額(換算差額)はキャッシュ・フローではないため調整

連結キャッシュ・フロー精算表

	×1期連結B/S①	×2期連結B/S②	円ベース増減②-①	増減	為替換算差額	固定資産	借入金	現金及び現金同等物に係る換算差額	資産負債増減	為替換算差額	利益剰余金	現金及び預金振替	合計
現金預金	700	630	(70)	40	(110)			(110)		110		70	0
売掛金	500	380	(120)	(10)	(110)				10	110			0
有形無形固定資産	800	850	50	50	0	(50)			0				0
買掛金	(600)	(400)	200	100	100				(100)	(100)			0
長期借入金	(300)	(200)	100	100	0		(100)		0				0
資本金	(200)	(200)	0	0	0				0				0
利益剰余金	(900)	(1,180)	(280)	(280)	0	0	0		0		280		0
為替換算調整勘定	0	120	120	0	120				0	(120)			0
合計	0	0	0	0	(50)	(100)	(110)	(90)	0	280	70	0	
Ⅰ 営業活動によるキャッシュ・フロー													
税金等調整前当期純利益											280		280
減価償却費						100							100
支払利息							40						40
固定資産売却益						(40)							(40)
売上債権の増減額									10				10
仕入債務の増減額									(100)				(100)
小計						60	40	0	(90)	0	280	0	290
利息の支払額							(40)						(40)
営業活動によるキャッシュ・フロー						60	0	0	(90)	0	280	0	250
Ⅱ 投資活動によるキャッシュ・フロー													
固定資産取得支出						(200)							(200)
固定資産売却収入						90							90
投資活動によるキャッシュ・フロー						(110)	0	0	0	0	0	0	(110)
Ⅲ 財務活動によるキャッシュ・フロー													
借入による収入							0						0
借入返済支出							(100)						(100)
財務活動によるキャッシュ・フロー						0	(100)	0	0	0	0	0	(100)
Ⅳ 現金及び現金同等物に係る換算差額								(110)					(110)
Ⅴ 現金及び現金同等物の増減額						(50)	(100)	(110)	(90)	0	280	0	(70)
Ⅵ 現金及び現金同等物の期首残高												700	700
Ⅶ 現金及び現金同等物の期末残高						(50)	(100)	(110)	(90)	0	280	700	630

(注) ( ) は貸方を表します。

を作成するうえでは、グループ会社の会計処理方法や勘定科目体系を統一しておく必要があります。

B　決算日の統一

グループ会社の決算日が統一されていない場合、連結決算上はグループ会社の決算日を統一する、親会社の決算日に合わせて子会社が仮決算を行う、決算日の差異を調整せずに連結する、といった対応が考えられます。実務上も、決算日差異が3か月を超えない範囲で連結決算書に取り込むといった処理が行われています。

ただし、グループ会社の決算期がずれていると数か月前の個別決算書を合算して連結決算書を作成することとなり、タイムリーに意思決定を行うことはできず、そもそも連結決算書が管理会計に役立つ情報を提供できないことになります。経営意思決定に役立つ情報を提供するというグループ経営の観点からは、決算日を変更して各会社の決算日を統一する、あるいは親会社の決算日に合わせて子会社が仮決算を実施するなど、可能な限り決算日を統一することが望まれます。

C　個別決算の早期化

連結決算書は各グループ会社の個別決算を基礎としていますので、グループ会社のうち1社でも決算の確定が遅れるとタイムリーに連結決算を行うことができません。すなわち、個別決算を正確にかつスピーディに作成しなければ、連結決算書をグループ経営に役立てることはできません。

経営意思決定に役立つ情報を迅速に提供するためには、各グループ会社から連結決算に必要な情報を収集する期限は決算日の翌月の20日ごろ（遅くとも下旬まで）が1つの目安になると考えられます。

連結決算に必要な情報を子会社からもれなくスピーディに収集するために、連結パッケージを活用することが考えられます。連結パッケージとは、連結決算に必要な情報を入力できるように定型化し、会社ごとにExcelシート等にまとめたものです。勘定科目や集計する項目を事前に指定しておくことで、勘定科目体系をグループ会社で統一しておくことができます。また、グループ会社

図表4-35 連結パッケージの項目例

1	決算書	貸借対照表（B/S）
		損益計算書（P/L）
		株主資本等変動計算書（S/S）
2	会計方針	有価証券の評価基準・評価方法 たな卸資産の評価基準・評価方法 減価償却資産の減価償却の方法 引当金の計上基準 重要な収益及び費用の計上基準　など
3	連結仕訳に必要なデータ	関係会社間債権債務の一覧表
		関係会社取引の一覧表
		関係会社より仕入れたたな卸資産の明細
		関係会社より購入した固定資産の明細
4	業績管理に必要なデータ	セグメント情報（セグメント売上、セグメント利益、セグメント資産）
		受注高（期首受注残高、受注高、売上高、期末受注残高）
5	勘定科目明細	売上債権明細
		有形（無形）固定資産明細、減価償却累計額明細
		投資有価証券明細
		その他資産明細
		借入金明細（借入先別残高、借入利率、返済予定時期、担保提供資産など）
		引当金明細

間の取引高、債権債務残高を照合しやすい形式にしておくことで、差異原因の調査をスムーズに行うこともできます。なお、親会社と子会社で決算前に報告内容と報告期限をすり合わせ、不明点があればスムーズにやり取りできるように体制を整えておく必要があることは言うまでもありません。

　実務上使用されている連結パッケージに統一されたひな形はなく、各社ごとに改良を重ねたものが使用されていることが通常です。連結パッケージの項目を例示すると図表4-35のとおりです。

D　連結会計システム導入の検討

　親会社、子会社合わせて3、4社程度であれば、各社から必要な情報を収集し、担当者がExcelなどの表計算ソフトで連結精算表やセグメント資料、予算実績差異分析資料などを作成することは可能です。しかし、管理すべき会社がそれ以上に増えてくると、単なる表計算ソフトでは限界がきます。これは、連結会社のうち1社でも決算の数値が変われば、連結精算表から種々の管理資料まで変更箇所が多岐にわたり、数値の集計、分析、報告まで含めてすべての資料を担当者が独力で修正することは困難になるからです。

　このため、管理すべき会社が増えてきた場合は連結会計システムを導入することを検討する必要があります。一般的な連結会計システムであれば、通常は個別決算書の入力、連結精算表の作成、マネジメント報告用レポートの出力までデータ整合性をもたせることができ、連結会社数の増加に対応することができます。このほか、分散入力による作業効率化、マネジメント報告用レポートのカスタマイズ、異なるシステム間のデータ連携など、年々機能が付加され、使い勝手が良くなってきています。

　グループ経営を実行するためのインフラとして、連結会計システムを導入し、活用していくことが求められます。

3　当社への適用

　連結決算の導入を当社にどのように適用したのかを説明します。

①　連結決算体制の整備

　社長は、これからの時代に合わせてグループ経営を実行するため、経営計画の策定から業績評価まで連結決算書に基づいて実行していくことを宣言しました。

　まず、各社の業績を横並びに比較できるように、今まで決算期や会計方針等が統一されていなかった各社の個別決算書をそろえることとしました。具体的には、各社の決算期を親会社の決算期である3月決算にそろえることとし、12

月決算を採用しているタイあがたでは3月末に仮決算を実施し、親会社へ個別決算書の数字を報告することとしました。また、各社でバラバラとなっていた勘定科目や会計処理ルールもグループ統一の基準を作成し、これに合わせることとしました。

　また、連結決算書の作成期限を決算日後翌月末までとし、それまでに各社で決算を締め親会社へ報告し、親会社で取りまとめる体制を作りました。なお、各社の個別決算を早めるため、普段から月次決算を締め定期的に親会社へ報告を上げさせるよう月次決算体制を整備し、期末決算の時期に業務が偏在しないようにしました。このほか、連結パッケージを作成し、連結決算スケジュールに合わせて、連結パッケージの回収、連結決算書の作成を実施できるように、各社の基礎データや基礎資料等を定型的なひな形でやり取りできるように工夫しました。

②　海外子会社の管理体制の整備

　あがたグループではタイに設立した子会社の管理体制が脆弱であるという課題を抱えていました。すなわち、売上実績は現地より報告を上げさせているものの、原価や販管費の情報がわからず採算がつかめないことに加え、経理を任せている現地の会計事務所からのレポートも遅れがちで、経営意思決定に活かせていませんでした。

　この問題に対処するため、海外子会社に親会社から管理担当者が定期的にチェックしに行くようにしました。すると、現地の社長、従業員、会計事務所間で業務のすり合わせがきちんとできておらず、そもそも業務フローの理解が進んでいなかったため、在庫の動きに合わせてどのような伝票が回っているのか、どのようにすれば原価を適時に把握できるかを考えていなかったとのことでした。また、取引先から請求書が到着するのも遅れがちで、会計事務所も数字の集計が遅れてしまっているという問題があることがわかりました。そこで、日本からの出荷データに対して、在庫が通関後なのか、配送中なのか、納品済みなのかなど、在庫の状況を把握するようにし、合わせて関税、輸送コス

ト、販売手数料等の費目を設定し、集計するように業務フローを組み立てました。また、各取引先に請求書を早く上げてもらうようにお願いし、月次に間に合わなければ概算計上により月次決算を締め、毎月本社に数字を報告するように管理体制を整備しました。

③ 連結精算表の作成

あがたホールディングでは、グループ各社の連結決算体制を整備し、いよいよ連結決算書の作成に取り掛かりました。連結精算表は個別決算書の合算と連結仕訳の相殺消去から成り立っています。連結決算の手順としては、まず海外子会社であるタイあがたの個別決算書を円貨建に換算します。次に、すべての会社の個別決算書を合算します。そのうえで、各会社間の取引を集計し連結仕訳を検討します。最後に、合算消去の過程を連結精算表に集計します。

A 外貨建て決算書の換算

タイあがたは設立時に資本金として1億円（3億バーツ）払い込まれました（HR：1バーツ0.33円）。その後数年が経過し、決算日レート（CR）は1バーツ0.40円となりました。期中平均レート（AR）は決算日レート（CR）と同じく1バーツ0.40円でした。この場合の外貨建て決算書とその換算、及び円貨建て決算書は図表4-36のとおりです。

設立後から決算日までに、1バーツ0.33円から1バーツ0.40円とバーツ高が進みました。この結果、換算により為替換算調整勘定17百万円が計上されています。

B 投資と資本の相殺消去

(a) あがた部品、あがた不動産

あがたホールディングが保有する関係会社株式（あがた部品、あがた不動産）1,919百万円と、子会社の資本金200百万円、資本剰余金1,719百万円を相殺消去します。なお、2社はすべて設立時から100％子会社なので、非支配株主持分はありません。また、子会社は会社分割により設立したため、のれんもありません。

図表4-36 タイあがたの換算

損益計算書

	外貨 (百万バーツ)	レート	円貨 (百万円)		外貨 (百万バーツ)	レート	円貨 (百万円)
売上原価	1,585	×0.40(AR)	634	売上高	1,920	×0.40(AR)	768
販管費	285	×0.40(AR)	114				
支払利息	30	×0.40(AR)	12				
法人税等	5	×0.40(AR)	2				
当期純利益	15	×0.40(AR)	6				

株主資本等変動計算書

	外貨 (百万バーツ)	レート	円貨 (百万円)		外貨 (百万バーツ)	レート	円貨 (百万円)
				利益剰余金 期首残高	△72	前期より	△26
				当期純利益	15	PLより	6
利益剰余金 期末残高	△57		△20		△57		△20

貸借対照表

	外貨 (百万バーツ)	レート	円貨 (百万円)		外貨 (百万バーツ)	レート	円貨 (百万円)
流動資産	1,530	×0.40(CR)	612	流動負債	875	×0.40(CR)	350
固定資産	188	×0.40(CR)	75	固定負債	600	×0.40(CR)	240
				資本金	300	×0.33(HR)	100
				利益剰余金	△57	S/Sより	△20
				為替換算調整勘定	—	貸借差額	17
資産合計	1,718		687	負債純資産合計	1,718		687

```
CR  1バーツ 0.40円
AR  1バーツ 0.40円
HR  1バーツ 0.33円
```

【投資と資本の相殺消去】

(借)資 本 金	200	(貸)関係会社株式	1,919
資 本 剰 余 金	1,719		

(b) あがたIT

あがたホールディングが保有する関係会社株式（あがたIT）550百万円と、

買収時の子会社の純資産（資本金150百万円、資本剰余金85百万円、利益剰余金80百万円）を相殺消去します。あがたITは100％子会社なので非支配株主持分はありませんが、投資と資本の相殺消去差額235百万円をのれんに計上します。のれんはその価値が及ぶ期間として5年を見積り、償却します。

【投資と資本の相殺消去】

（借）資　本　金	150	（貸）関係会社株式	550
資本剰余金	85		
利益剰余金	80		
の　れ　ん	235		

【のれんの償却】

（借）のれん償却額	47	（貸）の　れ　ん	47

　　（c）タイあがた

　あがたホールディングが保有する関係会社株式（タイあがた）100百万円と、子会社の資本金100百万円を相殺消去します。タイあがたは設立時から100％子会社のため、非支配株主持分及びのれんはありません。

【投資と資本の相殺消去】

（借）資　本　金	100	（貸）関係会社株式	100

C　取引高、債権債務残高の相殺消去

　あがたグループ各社の取引高、債権債務残高を集計します。各社の取引は以下のとおりです。

- ▶あがた不動産→あがたホールディングへ配当支払100百万円
- ▶あがたIT→あがた部品へ売上280百万円（期末売掛金50百万円）
- ▶あがた部品→タイあがたへ売上884百万円（期末売掛金350百万円）
- ▶あがたホールディング→子会社4社へ経営指導100百万円（期末売掛金なし）

　これら取引高、債権債務残高に関する連結仕訳は以下のとおりです。

【配当金の消去】

(借) 売上高(あがたHD)	100	(貸) 支払配当金(あがた不動産)	100

【債権債務残高消去】

(借) 買掛金(あがた部品)	50	(貸) 売掛金(あがたIT)	50
買掛金(タイあがた)	350	売掛金(あがた部品)	350

【取引高消去】

(借) 売上高(あがたIT)	280	(貸) 売上原価(あがた部品)	280
売上高(あがた部品)	884	売上原価(タイあがた)	884
売上高(あがたHD)	100	販管費(子会社4社)	100

D 貸倒引当金の消去

上記の債権債務残高の相殺消去に関連して、相殺消去した売掛金に貸倒引当金を設定していた場合に、貸倒引当金の調整が必要となります。

▶あがたIT→あがた部品に対する期末売掛金50百万円について、貸倒引当金を2百万円設定していました。また、期首売掛金100百万円について、貸倒引当金を4百万円設定していました。

▶あがた部品→タイあがたに対する期末売掛金350百万円について、貸倒引当金を14百万円設定していました。

これら貸倒引当金に関する連結仕訳は以下のとおりです。

【貸倒引当金消去】

(借) 販管費(あがたIT)	4	(貸) 期首利益剰余金(あがたIT)	4
貸倒引当金(あがたIT)	2	販管費(あがたIT)	2
貸倒引当金(あがた部品)	14	販管費(あがた部品)	14

E 未実現利益の消去

あがたグループ会社間の取引により生じた未実現利益を消去します。

▶あがたITより仕入れた期末在庫があがた部品に120百万円あり、これについてあ

がたITでは利益を30百万円付加していました。また、期首在庫は160百万円あり、付加した利益は40百万円でした。

▶あがた部品より仕入れた期末在庫がタイあがたに400百万円あり、これについてあがた部品では利益を80百万円付加していました。また、期首在庫は150百万円あり、付加した利益は30百万円でした。

これら未実現利益に関する連結仕訳は以下のとおりです。

【未実現利益消去】

(借)	期首利益剰余金(あがたIT)	40	(貸)	売上原価(あがたIT)	40
	売上原価(あがたIT)	30		たな卸資産(あがた部品)	30
	期首利益剰余金(あがた部品)	30		売上原価(あがた部品)	30
	売上原価(あがた部品)	80		たな卸資産(タイあがた)	80

F 連結精算表

上記の個別決算書の合算、及び連結仕訳をまとめて、連結精算表を作成すると図表4-37のとおりになります。

④ 連結キャッシュ・フロー精算表の作成

あがたホールディングではキャッシュ・フローを経営管理に活かすため、連結キャッシュ・フロー精算表を作成することにしました。

まず、タイあがたの円貨建て貸借対照表の期首期末増減を、キャッシュ・フローの増減を伴う部分と外貨換算により生じたキャッシュ・フローを伴わない部分とに分けます。次に、連結貸借対照表の期首期末増減を、営業活動、投資活動、財務活動ごとに区分、集計し、連結キャッシュ・フロー精算表を作成します。

A タイあがたの換算後貸借対照表の分析

タイあがたの換算後貸借対照表の期首期末増減のうち、外貨換算により生じたキャッシュ・フローを伴わない部分を計算します。外貨建貸借対照表の増減に収益費用の換算レートAR（1バーツ0.40円）を乗じた金額はキャッシュ・

第2部 グループ経営手法

図表4-37 あがたグループ連結精算表

(単位：百万円)

	あがたHD	あがた部品	あがた不動産	あがたIT	タイあがた	個別合計	投資と資本の相殺消去	配当金	債権債務消去	取引消去	貸倒引当金消去	未実現利益消去	連結仕訳合計	連結合計
現金預金	50	400	640	250	40	1,380							0	1,380
売掛金	20	1,100	30	300	180	1,630			(400)				(400)	1,230
たな卸資産		900		272	400	1,572						(110)	(110)	1,462
貸倒引当金		(44)		(10)	(8)	(62)					16		16	(46)
流動資産合計	70	2,356	670	812	612	4,520	0	0	(400)	0	16	(110)	(494)	4,026
有形無形固定資産		1,100	1,400	700	75	3,275							0	3,275
のれん						0	188						188	188
関係会社株式	2,569					2,569	(2,569)						(2,569)	0
固定資産合計	2,569	1,100	1,400	700	75	5,844	(2,381)	0	0	0	0	0	(2,381)	3,463
資産合計	2,639	3,456	2,070	1,512	687	10,364	(2,381)	0	(400)	0	16	(110)	(2,875)	7,489
買掛金	(10)	(1,850)	(40)	(270)	(350)	(2,520)			400				400	(2,120)
流動負債合計	(10)	(1,850)	(40)	(270)	(350)	(2,520)	0	0	400	0	0	0	400	(2,120)
長期借入金		(600)	(1,000)	(800)	(240)	(2,640)							0	(2,640)
退職給付に係る負債	(10)	(100)	(20)	(50)		(180)							0	(180)
固定負債合計	(10)	(700)	(1,020)	(850)	(240)	(2,820)	0	0	0	0	0	0	0	(2,820)
負債合計	(20)	(2,550)	(1,060)	(1,120)	(590)	(5,340)	0	0	400	0	0	0	400	(4,940)
資本金	(150)	(100)	(100)	(150)	(100)	(600)	450						450	(150)
資本剰余金		(826)	(893)	(85)		(1,804)	1,804						1,804	0
利益剰余金	(2,469)	20	(17)	(157)	20	(2,603)	127	0	0	0	(16)	110	221	(2,382)
為替換算調整勘定				(17)		(17)							0	(17)
純資産合計	(2,619)	(906)	(1,010)	(392)	(97)	(5,024)	2,381	0	0	0	(16)	110	2,475	(2,549)
負債純資産合計	(2,639)	(3,456)	(2,070)	(1,512)	(687)	(10,364)	2,381	0	400	0	(16)	110	2,875	(7,489)
売上高	(200)	(6,935)	(1,080)	(2,800)	(768)	(11,783)		100		1,264			1,364	(10,419)
売上原価		5,550	705	2,128	634	9,017				(1,164)		40	(1,124)	7,893
販管費	200	1,375	130	504	114	2,323	47			(100)	(12)		(65)	2,258
営業利益	0	(10)	(245)	(168)	(20)	(443)	47	100	0	0	(12)	40	175	(268)
支払利息		30	50	40	12	132							0	132
税金等調整前当期純利益	0	(40)	(195)	(128)	(8)	(311)	47	100	0	0	(12)	40	175	(136)
法人税等	0	0	78	51	2	131							0	131
当期純利益	0	(40)	(117)	(77)	(6)	(180)	47	100	0	0	(12)	40	175	(5)
期首利益剰余金	(2,469)	0	0	(80)	26	(2,523)	80				(4)	70	146	(2,377)
当期純利益	0	20	(117)	(77)	(6)	(180)	47	100	0	0	(12)	40	175	(5)
支払配当金			100			100		(100)					(100)	0
期末利益剰余金	(2,469)	20	(17)	(157)	20	(2,603)	127	0	0	0	(16)	110	221	(2,382)

(注) ( ) は貸方を表します。

フローを伴う部分であり、図表4-38の⑥の列に表されます。また、外貨換算により生じたキャッシュ・フローを伴わない部分は、円ベースの増減から⑥を差し引いた金額であり、⑤-④-⑥として表されます。

B 連結キャッシュ・フロー精算表

連結貸借対照表の期首期末増減のうち換算差額の影響を除いた金額を営業活動、投資活動、財務活動に区分し、連結キャッシュ・フロー精算表を作成します。

まず、固定資産、借入金など、投資活動、財務活動に関係する勘定残高について、勘定分析を行い期首期末の増減の内容を把握します。固定資産の増減の

図表4-38 タイあがた換算差額の分析

	①前期(百万バーツ)	②当期(百万バーツ)	③増減	④前期BS ①×CR(0.30)	⑤当期BS ②×CR(0.40)	⑥増減 ③×AR(0.40)	⑤−④−⑥ 換算差額	⑤−④ 円ベース増減
現金預金	143	100	(43)	43	40	(17)	14	(3)
売掛金	800	450	(350)	240	180	(140)	80	(60)
たな卸資産	500	1,000	500	150	400	200	50	250
貸倒引当金	(15)	(20)	(5)	(5)	(8)	(2)	(1)	(3)
有形無形固定資産	200	188	(12)	60	75	(5)	20	15
買掛金	(750)	(875)	(125)	(225)	(350)	(50)	(75)	(125)
長期借入金	(650)	(600)	50	(195)	(240)	20	(65)	(45)
資本金	(300)	(300)	0	(100)	(100)	0	0	0
利益剰余金	72	57	(15)	26	20	(6)	0	(6)
為替換算調整勘定			0	6	(17)	0	(23)	(23)
合計	0	0	0	0	0	0	0	0

(注)( )は貸方を表します。

うち、減価償却費は非資金損益項目として営業活動によるキャッシュ・フローを構成します。

【固定資産増減】

	期首残高	取得	償却	為替換算	期末残高
有形無形固定資産	3,435	70	250	20	3,275

【借入金増減】

	期首残高	借入	返済	為替換算	期末残高
長期借入金	2,695	30	150	65	2,640

次に、営業活動によるキャッシュ・フローを集計します。

▶非資金損益項目…減価償却費、のれん償却額、貸倒引当金増減、退職給付に係る負債増減

▶営業活動に関連する連結貸借対照表項目の期首期末増減…売掛金、たな卸資産、買掛金の増減

これらを営業活動によるキャッシュ・フローに集計します。

最後に、上記の固定資産、借入金の増減を投資活動によるキャッシュ・フ

ロー、財務活動によるキャッシュ・フローに集計します。

あがたグループの連結キャッシュ・フロー精算表を表すと図表4-39のようになります。

図表4-39 あがたグループ連結キャッシュ・フロー精算表

(単位：百万円)

	前期①	当期②	円ベース増減②-①	増減	為替換算差額	固定資産	借入金	現金及び現金同等物に係る換算差額	資産負債増減	為替換算差額	利益剰余金	現金及び預金振替	合計
現金預金	1,316	1,380	64	50	14			14		(14)		(64)	0
売掛金	1,395	1,230	(165)	(245)	80				245	(80)			0
たな卸資産	1,265	1,462	197	147	50				(147)	(50)			0
貸倒引当金	(56)	(46)	10	11	(1)				(11)	1			0
有形無形固定資産	3,435	3,275	(160)	(180)	20	180				(20)			0
のれん	235	188	(47)	(47)	0	47							0
買掛金	(2,204)	(2,120)	84	159	(75)				(159)	75			0
長期借入金	(2,695)	(2,640)	55	120	(65)		(120)			65			0
退職給付に係る負債	(170)	(180)	(10)	(10)	0				10				0
資本金	(150)	(150)	0	0	0								0
利益剰余金	(2,377)	(2,382)	(5)	(5)	0						5		0
為替換算調整勘定	6	(17)	(23)	0	(23)					23			0
合計	0	0	0	0	0	227	(120)	14	(62)	0	5	(64)	0
Ⅰ　営業活動によるキャッシュ・フロー													
税金等調整前当期純利益											136		136
減価償却費						250							250
のれん償却額						47							47
引当金の増減額									(1)				(1)
支払利息							132						132
売上債権の増減額									245				245
たな卸資産の増減額									(147)				(147)
仕入債務の増減額									(159)				(159)
小計						297	132	0	(62)	0	136	0	503
利息の支払額							(132)						(132)
法人税等の支払額											(131)		(131)
営業活動によるキャッシュ・フロー						297	0	0	(62)	0	5	0	240
Ⅱ　投資活動によるキャッシュ・フロー													
固定資産取得支出						(70)							(70)
投資活動によるキャッシュ・フロー						(70)	0	0	0	0	0	0	(70)
Ⅲ　財務活動によるキャッシュ・フロー													
借入による収入							30						30
借入返済支出							(150)						(150)
財務活動によるキャッシュ・フロー						0	(120)	0	0	0	0	0	(120)
Ⅳ　現金及び現金同等物に係る換算差額								14					14
Ⅴ　現金及び現金同等物の増減額						227	(120)	14	(62)	0	5	0	64
Ⅵ　現金及び現金同等物の期首残高												1,316	1,316
Ⅶ　現金及び現金同等物の期末残高						227	(120)	14	(62)	0	5	1,316	1,380

(注)　( )は貸方を表します。

連結決算書の完成

❶ 連結貸借対照表、連結損益計算書、連結キャッシュ・フロー計算書

【あがたグループ連結】　　　　　　　　　　　　　　　　（単位：百万円）

連結損益計算書

売上高	10,419
売上原価	7,893
売上総利益	2,526
販管費	2,258
（うち、のれん償却額）	(47)
営業利益	268
支払利息	132
税金等調整前当期純利益	136
法人税等	131
当期純利益	5

連結貸借対照表

流動資産	4,026	流動負債	2,120
固定資産	3,463	固定負債	2,820
（うち、のれん）	(188)	純資産	2,549
資産計	7,489	負債純資産計	7,489

連結キャッシュ・フロー計算書

Ⅰ	営業活動によるキャッシュ・フロー	240
Ⅱ	投資活動によるキャッシュ・フロー	△ 70
Ⅲ	財務活動によるキャッシュ・フロー	△ 120
Ⅳ	現金及び現金同等物に係る換算差額	14
Ⅴ	現金及び現金同等物の増減額	64
Ⅵ	現金及び現金同等物期首残高	1,316
Ⅶ	現金及び現金同等物期末残高	1,380

❷ 問題点の解決

①　グループ全体の状況把握が困難

　あがたグループは子会社数が増加してきたため、グループ全体の状況把握が困難であるという問題点を抱えていました。このため、グループ経営を実行すべくあがたホールディングは連結決算を導入することとしました。

　連結決算の導入に向けた取組みにより、あがたホールディングは連結決算書

を作成できるようになり、グループ全体の状況が見えるようになりました。また、毎月早く数字を締めて報告するようにしたため、自然と各社の管理レベルも向上しました。社長だけでなく従業員も連結業績に目を向けるようになり、連結グループ全体のために何をすべきかを考えながら仕事をするようになりました。

② 海外子会社の管理が脆弱

管理がわかりにくかった海外子会社についても、連結決算導入を機に管理体制を整備しました。

具体的には、海外子会社から毎月月次決算の内容がレポートとしてあがたホールディングに届くようになり、またあがたホールディングから定期的にレポーティングの内容をチェックしに行くようになりました。この結果、今まで内容をきちんと把握できていなかった子会社の決算書の理解が進み、売上に対して原価がどのくらいかかっているのか、採算が取れているのかいないのかが月次で把握できるようになりました。また、今まで売上が前月に比べ増えたか減ったかという話しかできなかったのが、利益を残すための経費管理をどうすべきか、在庫回転期間を短縮するための在庫管理をどうするかなど、いろいろな視点から子会社の経営管理に目が向くようになりました。

第5章
連結管理会計の導入

解決したい問題

subject 5
・グループ全体で予算管理ができない
・事業別損益がわからない

Q 先生のご指導で連結決算を作成してみて、グループ全体の状況はよくわかるようになりました。ただ、せっかく連結決算を作ったのですから、連結決算をこれからの実際のグループ経営に役立てたいと考えているのですが、どこからどう手をつけたらいいのかわかりません。グループの全体状況が把握できているだけに経営にうまく使えないのは、とてももどかしい感じがします。

あがたホールディング
あがた社長

それぞれの事業を発展させるために会社分割やM&Aを行いましたが、会社がいくつもあることで、あがたグループ全体を運営することが難しくなったような気がしてなりません。グループを全体として管理、統制するような手法を教えていただけないでしょうか。

また、グループの本当の実力としての事業別損益も不明確なような気がします。例えば、タイあがたはあがた部品で作った部品をタイを中心とした東南アジアで売っているので、事業としては一体です。タイあがたとあがた部品それぞれの業績は各社の個別決算書を見ればわかるのですが、グループ全体で見たときの部品製造事業は果たして、どれくらい儲かっているのかがよくわかりません。また、あがたITはあがた部品向けのソフトウェア販売を行っているのですが、IT部門のグループ外部に対しての本当の実力はどれくらいなのかも把握できればと思います。

連結決算をグループ全体の事業戦略に役立てるための管理会計のようなものを教えていただけませんでしょうか。

グローバルコンサルティング
永野公認会計士

A 管理会計を連結ベースにして事業別損益を正確に把握

　連結決算は株主や債権者などの企業の外部関係者に対する経営成績の報告が主眼です。外部用の連結決算そのままでは、企業の経営者がグループ経営戦略立案やグループ管理をするには不十分です。連結決算を予算統制や予算管理に使えるようにもう少し踏み込んで作ってみましょう。また、セグメント情報を作成すれば、関係会社間の取引を整理した事業別の損益も明確になります。

第2部　グループ経営手法

あがたグループの現状

1 組織図

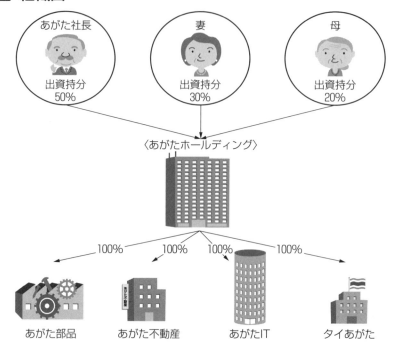

第5章　連結管理会計の導入

❷ 財務状況（貸借対照表、損益計算書）

【あがたグループ連結】　　　　　　　　　　　　　　　　　　　　（単位：百万円）

連結損益計算書	
売上高	10,419
売上原価	7,893
売上総利益	2,526
販管費	2,258
（うち、のれん償却額）	(47)
営業利益	268
支払利息	132
税金等調整前当期純利益	136
法人税等	131
当期純利益	5

連結貸借対照表			
流動資産	4,026	流動負債	2,120
固定資産	3,463	固定負債	2,820
（うち、のれん）	(188)	純資産	2,549
資産計	7,489	負債純資産計	7,489

【あがたホールディング】

損益計算書	
売上高	200
（うち、経営指導料）	(100)
（うち、受取配当金）	(100)
売上原価	0
売上総利益	200
販管費	200
営業利益	0
税引前当期純利益	0
法人税等	0
当期純利益	0

貸借対照表			
流動資産	70	流動負債	10
固定資産	2,569	固定負債	10
(うち、関係会社株式)	(2,569)	純資産	2,619
資産計	2,639	負債純資産計	2,639

【あがた部品】

損益計算書	
売上高	6,935
売上原価	5,550
売上総利益	1,385
販管費	1,375
営業利益	10
支払利息	30
税引前当期純利益	△20
法人税等	0
当期純利益	△20

貸借対照表			
流動資産	2,356	流動負債	1,850
固定資産	1,100	固定負債	700
		純資産	906
資産計	3,456	負債純資産計	3,456

【あがた不動産】

損益計算書	
売上高	1,080
売上原価	705
売上総利益	375
販管費	130
営業利益	245
支払利息	50
税引前当期純利益	195
法人税等	78
当期純利益	117

貸借対照表			
流動資産	670	流動負債	40
固定資産	1,400	固定負債	1,020
		純資産	1,010
資産計	2,070	負債純資産計	2,070

【あがたIT】

損益計算書	
売上高	2,800
売上原価	2,128
売上総利益	672
販管費	504
営業利益	168
支払利息	40
税引前当期純利益	128
法人税等	51
当期純利益	77

貸借対照表			
流動資産	812	流動負債	270
固定資産	700	固定負債	850
		純資産	392
資産計	1,512	負債純資産計	1,512

【タイあがた】

損益計算書	
売上高	768
売上原価	634
売上総利益	134
販管費	114
営業利益	20
支払利息	12
税引前当期純利益	8
法人税等	2
当期純利益	6

貸借対照表			
流動資産	612	流動負債	350
固定資産	75	固定負債	240
		純資産	97
資産計	687	負債純資産計	687

問題点の整理

1 連結ベースの予算管理不能

　グループの会社数が増加すると、管理業務が煩雑になり、グループ全体の把握が難しくなります。個々の会社の業績は明確であっても、グループ全体の業績及び実力を見るためには、連結の視点は欠かせません。

　連結決算書を作成することによってグループ全体の実績はわかりましたが、各社で実施している予算と実績の差異分析を活かしきれていません。連結グループ全体の視点から連結ベースの予算との差異分析を実施していき、グループ全体での対策を講じていく必要があります。

　現状では、作成した連結決算書がグループ全体として見た予算に比べて良いか、悪いか判断できない状況にあります。会社ごとでは予算と実績を比べると状況はわかりますが、連結ベースの予算を作成していないため、グループ全体の予算と実績の差異を把握できていません。

　連結ベースでの予算管理ができていないことにより、連結全体の視点からの対策が採られておらず、グループ全体の方向性が明確になっていないという問題があります。

2 事業別損益が不明確

　グループ会社数が増加すると、同一の事業を複数の会社が行っていたり、グループ会社間取引の増加にも繋がり、事業ごとの損益の把握が難しくなります。個々の会社の業績は把握できても、グループ全体の本当の実力を見るためには、グループ会社間の取引を除いた数値で見る必要があります。グループ会社間の取引は取引高を意図的に操作することも可能な面があるため、各社や各事業の本当の実力が見えにくくなってしまいます。

　現状では、連結決算書における事業ごとの損益をきちんと把握することができていません。連結グループ内での取引がある事業については、連結仕訳を考

慮した事業の損益を把握する必要があります。

改善策の検討と実行

1 連結予算管理とは

　連結決算の導入によって連結決算書を作成することはできましたが、それだけでは過去の実績を把握したにすぎません。連結決算書を作成するだけでなく上手く活用していくことがグループ経営上のポイントになってきます。連結決算書を経営に活かすための方法として、予算管理の方法を見ていきたいと思います。

① 予算管理

　予算はその策定と活用を考える必要があります。その一連の過程が予算管理であり、予算の策定を予算編成、予算の活用を予算統制と分けることができます。この予算管理の全体を示したのが図表5-1になります。

　予算編成とは単年度利益計画に基づいて社員の具体的な行動目標となるような計画をいいます。予算編成においては、各部署からの部門予算をもとに販売数量、販売金額、経費等の方策が立てられ、総合予算として策定していきます。

　一方、予算統制とは策定した予算と実績を比較して評価し、改善活動に活かしていくことをいいます。実績の数値を集計しても比較すべき対象がないと結果について何が良かったのか、逆に何が悪かったのかを判断することはできず、早期の対策を講じることができません。そのために予算統制が必要とされています。

　予算管理の機能として、責任の明確化と業績評価及び動機づけがあります。予算は経営計画をもとにして作成されますが、予算自体は各部署から提出された予算をもとにできているため、達成できなかった場合の責任はその部署で負うことになり、責任の所在が明確になっています。責任が明確になると同時に目標が明確になるため、各部署の業績評価も明らかになり、個々の動機づけにも繋がります。

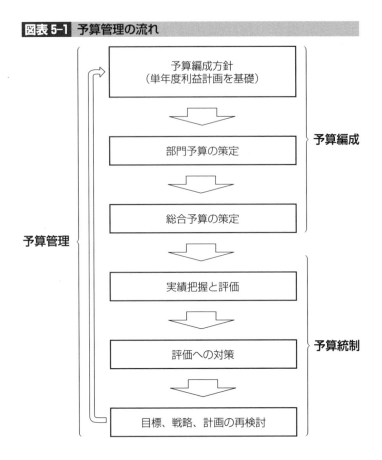

図表5-1 予算管理の流れ

予算管理の機能をうまく働かせるためには、以下のような点に気をつける必要があります。

▶職務権限と責任の明確化

職務権限を超えた予算の責任はモチベーションを低下させます。また、責任の所在が曖昧であると予算の実行に誰も責任を負わず、予算を作成しただけになってしまう可能性があります。

▶予算制度への理解

最終的には、各部門が責任を持って実施するため、予算制度に対する理

解が必要になります。

▶**各部署による予算統制**

予算統制は管理部署に任せるだけでなく、各部署において差異が発生した原因を究明する等の対応をすることにより、より効果を発揮することができます。

② 予算編成の方法

予算編成手法には、各部署から出された予算の積上げにより作成する方法（積上法）、トップダウンにより作成する方法（トップダウン法）、両者の折衷による方法（折衷法）があります。

積上法は各部署からの実績値等に基づき自主的に予算を作成し、積み上げて作成する方法です。トップダウン法は経営者からのトップダウンで利益計画の数値を各部署に割り当て、予算を作成する方法です。そのため、トップダウン法は各部署の従業員の意見が反映されず、従業員のモチベーションが低下する危険性があります。

積上法はトップの意向が反映されにくいため、両者の長所を取り入れた折衷法により作成することが望ましいといえます。折衷法は予算編成にあたり、利益計画に基づきガイドライン等の基本方針が各部署に提示され、その枠組みのなかで、各部署が主体的に予算を作成する方法になります。

なお、予算を作成する際には、実績の決算書と勘定科目が整合するようにしないと後々の実績との比較分析に時間がかかってしまいます。

③ 予算統制の方法

予算統制では、予算と実績を比較して差異の内容を分析し、その後の改善に活かしていきます。

予算実績差異分析では、策定した予算と実績を各損益区分もしくは勘定科目ごとに比較します。差異の概要を把握するには、通常の決算書で使用している損益区分ごとに差異を把握し、その後、詳細に把握するために、各勘定科目そ

図表 5-2 予算編成手法

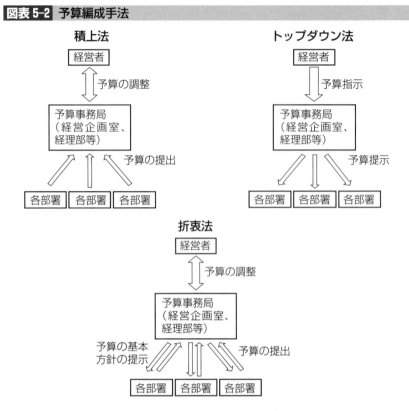

して必要に応じて総勘定元帳等で取引レベルまで遡って見ていきます。

予算統制のなかでは、予算実績差異分析を実施しただけでは十分でなく、原因を把握し、その後の改善に繋げていきます。

また、予算実績差異分析は毎月及び毎年、実績と比較します。実績が出るつど、その結果について予算との差異を分析することで、対策が必要な事項への対処が早期に図れます。

④ PDCA サイクル

予算管理においては、目標、戦略、計画の再検討があり、そこから新たな予算編成方針を立てていくという流れになります。これは、結果を把握して対策

図表5-3 PDCAサイクルの概念図

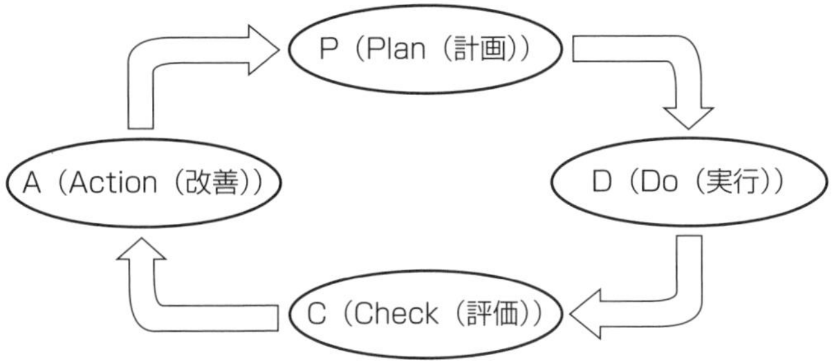

```
        P (Plan (計画))
      ↗              ↘
A (Action (改善))    D (Do (実行))
      ↖              ↙
        C (Check (評価))
```

を立てた後、新しい計画においては、以前の経験を活かした計画を策定していくことを示しています。予算管理では、予算との差異分析をするだけではなく、その情報を活かした対策を講じて、実行に移して、また新たな計画に活かしていくというサイクルが重要になります。その過程を示したものがPDCAサイクルと呼ばれ、図表5-3のとおりP（Plan（計画））、D（Do（実行））、C（Check（評価））、A（Action（改善））の一連のサイクルになります。このサイクルのように、予算、計画の実行と達成状況の測定、評価、改善活動を続けていくことでより良い経営活動ができるようになります。

PDCAサイクルのそれぞれを見てみると、P（Plan（計画））は予算の策定、D（Do（実行））は実績作成、C（Check（評価））は予算と実績の差異分析を表しており、その結果を受けて、A（Action（改善））において業務の改善を行うという流れになります。

⑤ 連結ベースの予算管理

今までの個別における予算管理を、連結グループに適用する場合について次に見ていきます。連結グループに置き換えた場合にも基本的には同じで、予算連結の策定（予算編成）、連結による予算実績差異分析（予算統制）を実施し、把握した差異についての改善活動をしていくことに変わりはありません。連結ベースでの予算管理の導入により、グループ全体を効率化し、競争力の向上を図ることが目的になります。

A　予算編成

連結ベースでの中期経営計画、単年度利益計画、予算の策定は、基本的には個別と同様です。

連結ベースの予算（予算連結）は、まず、各会社において予算を策定し、その予算をもとに連結決算書の作成過程と同様に作成します。その作成イメージを示したものが、図表5-4になります。

各子会社において、従来と同様に作成した予算を親会社に提出します。個別の予算と異なる点は、予算連結を作成するために必要となるグループ会社間取引や未実現利益等の情報も一緒に伝える必要があるということです。それらの情報をもとに、親会社では個別の予算の単純合算からグループ会社間取引を消

図表5-4　予算連結作成のイメージ図

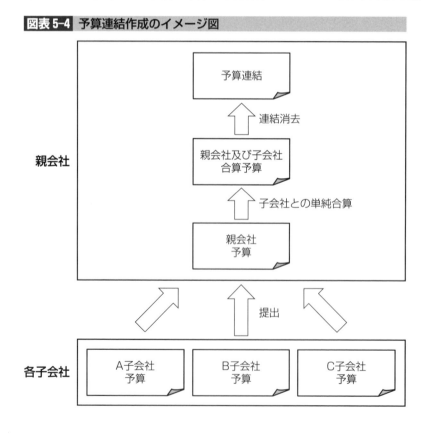

去し、予算連結を作成します。

予算連結の作成にあたっては、親会社において想定している予算数値と各社から上がってくる数値にかい離があることがあります。その場合には、親会社から各子会社に修正すべき事項が伝えられ、子会社において修正した予算数値が再度親会社に提出されるという手順が踏まれます。

なお、親会社が強い統制力をもったグループでは、親会社主導により予算が作成されることもあります。この場合には、親会社が立てた予算になるため、グループ全体の統一感のある予算になる一方、子会社の予算に対する責任意識が希薄になる危険性があります。

B　予算統制

予算連結はあくまでも将来の状況を推測して作成されたものですから、その集計数値が良ければ良いというものではありません。予算の数値は会社の現状からさまざまな前提条件を考慮して作成されています。予算連結は実績数値と比較分析をすることにより、当初想定していたものと何が原因で差異が発生したのかを把握することで、作成した意味が出てきます。予算と実績の差異が発生した原因を分析し、問題点への対策を講じることで予算を作成した効果が発揮されるという点は、連結であっても変わりありません。

また、予算連結の作成と差異分析は、単にそれぞれ実施すれば良いのではなく、連結決算書の作成と同様に勘定科目の統一など関連性を持たせて実施していくことが必要です。予算実績差異分析については、実績と予算連結がうまく整合していないと分析する意味がありません。

⑥　予測連結の作成

会社経営を良い方向に向かわせるために、予算管理を実施します。現在のように経営環境の変化が激しい時代には、連結決算書を活用するとともに、より早く会社の状況を把握し、適切な意思決定をしていくことが求められてきます。そのために予測連結の作成及び利用が考えられます。

予測連結とは、決算期の途中に経過月までの実績の連結決算と翌月からの予

想の連結決算を作成し、次の四半期もしくは年度の連結決算数値の見込額を記載した連結決算書です。予測連結により直近の連結ベースでの状況をいち早く認識することで、問題に対する対策を早期に講じることができます。

しかし、この予測連結は月次ベースで予算を管理し、タイムリーに連結決算書が作成できる会社において実施することができるものです。連結決算を作成するのに時間がかかっていては、作成した情報が古い情報となり意味のないものとなってしまいます。また、決算期の途中までの実績が必要になりますので、月次もしくは四半期において連結決算書を作成する必要も出てきます。

2 セグメント情報とは

事業ごとの損益を把握するには、セグメント情報を作成します。連結決算書の実績を事業ごとに分解したものをセグメントといい、セグメントごとに損益を集計します。

セグメント情報は、「売上高、利益（又は損失）、資産その他の財務情報を、事業の構成単位に分別した情報」をいいます。このセグメント情報は、会社の事業のなかで、製品又はサービスなどによって売上、利益等を区分して報告する情報であるため、各事業でどれだけの利益が計上されているかを把握できる情報になります。

① 目的

セグメント情報を作成することにより、各セグメントの収益性を明らかにすることができます。連結決算書においては、連結グループ全体の収益性は確認することができても、事業ごとの利益がわかりません。セグメントの区分の仕方は、事業や地域による区分やそれらを組み合わせるなど、経営者の必要とする情報や経営管理に合わせた形で行われています。その情報により、各セグメントにおける経営成績が表示され、各事業がどれくらいの利益を計上しているかを把握することができます。

② 概要

セグメント情報において、どのような内容の情報が載っているかを説明したのが図表5-5になります。図表5-5は、親子会社2社で、A事業とB事業の2つのセグメントを有している例です。連結決算書との関係も理解してもらうために（a）個別決算書、（b）セグメント情報、（c）連結決算書の3段階で説明しています。

まず、（a）個別決算書では、ご覧のとおり、親会社と子会社の個別決算書のままになります。この状態では、親会社子会社それぞれの取引が計上されてい

図表5-5 セグメント情報の意味

(a) 個別決算書

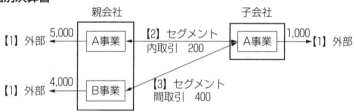

(b) セグメント情報

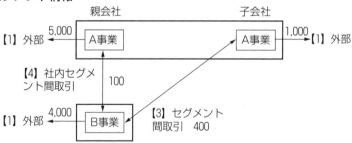

(c) 連結決算書

図表5-6 セグメント情報の開示例

(単位：百万円)

	A事業	B事業	計	調整額	連結
外部顧客への売上高	6,000	4,000	10,000	—	10,000
セグメント間の内部売上高又は振替高	500	—	500	△500	—
計	6,500	4,000	10,500	△500	10,000
営業費用	5,300	2,500	7,800	△450	7,350
営業利益	1,200	1,500	2,700	△50	2,650

ますので、取引でいうと【1】外部との取引、【2】親会社と子会社の取引のうちA事業内のセグメント内取引、【3】親会社のB事業と子会社のA事業の間のセグメント間取引が計上されています。

セグメント情報は、この(a)の状態から、セグメントというキーにより区分したものになります。その区分を示したものが(b)セグメント情報であり、個別企業という枠からセグメントという枠に切り替わることになります。このように、セグメントをキーに見たときには、枠のなかの取引である【2】のセグメント内取引は消去し、逆に枠の外との取引である【4】の社内セグメント間取引を追加する必要があります。

また、セグメント情報から最終的な連結決算書の状態にするには、(c)連結決算書のようにセグメントの枠ではなく、連結全体の枠に変わります。そのため、(b)の取引状態から、【3】のセグメント間取引だけでなく、【4】の社内セグメント間取引も消去します。その結果、残ったのが外部との取引のみになり、連結決算書と一致することになります。

次に、セグメント情報の開示例を図表5-6に示しました。

図表5-5セグメント情報の意味と図表5-6セグメント情報の開示例の関係を見ていきます。セグメント情報の開示例のA事業欄やB事業欄には外部取引とセグメント間取引が計上されることになります。そして、調整額の欄でセグメント間取引についてマイナスし、基本的には連結数値と合わせます。外部顧客への売上高は、図表5-5(b)でいうと【1】の取引になります。

次に、セグメント間の内部売上高又は振替高は、図表5-5(b)でいうと【3】、

【4】の取引になります。各セグメントの取引として計上されますが、調整額の欄でマイナス処理されます。

　営業利益は売上高計から売上原価及び販売費及び一般管理費をマイナスします。調整額の欄で売上高と営業利益でマイナスの金額が相違し、営業利益で△50百万円が発生しているのは、セグメント間取引として認識した未実現利益の消去50百万円が発生しているためです。仮に、図表5-5の【2】のようなセグメント内取引が発生していた場合には、A事業及びB事業の数値から直接マイナス処理されます。

　調整額の欄には、図表5-5の【3】セグメント間取引及び【4】社内セグメント間取引の消去及び各セグメントに配分していない全社費用が計上されます。

　一番右の欄は、通常、連結損益計算書の金額と一致します。

3 当社への適用

　当社は以前は1つの会社でしたが、事業別の損益をきちんと把握できず業績管理が不十分でした。その問題点を解決するために、持株会社に移行し、各子会社に独立した意識を持たせ、損益についての責任も明確にすることができました。

　しかし、その後の業績管理は各社バラバラになってきており、グループ全体での共通の業績管理ができていませんでした。そのため、グループ全体で業績管理を統一するために連結決算書をベースにした管理を実施することになりました。

① 連結予算管理の実施
A　予算連結策定

　連結グループ全体を管理するために、予算連結を作成することにしました。今までも、各会社で予算は作成していましたが、グループ全体での予算を作成したことはありませんでした。そのため当期において、グループ全体の業績管理を実施したいと考え、予算連結を作成することになりました。

各社の予算は図表5-7のような状況です。この各社の予算をもとに予算連結を作成することになります。予算では、本来、貸借対照表も作成すべきです

図表5-7 各社の予算

【あがたホールディング（予算）】

損益計算書（百万円）

売上高	200
売上原価	－
売上総利益	200
販管費	200
営業利益	0
支払利息	－
税引前当期純利益	0
法人税等	－
当期純利益	0

〈連結情報〉

子会社への売上高（配当金）	100
子会社への売上高（経営指導料）	100

【あがた部品（予算）】

損益計算書（百万円）

売上高	7,000
売上原価	5,650
売上総利益	1,350
販管費	1,300
営業利益	50
支払利息	20
税引前当期純利益	30
法人税等	12
当期純利益	18

〈連結情報〉

あがたITからの仕入高		350
あがたITからの在庫	期首	160
（利益率25％）	期末	100
タイあがたへ売上高		840
親会社への経営指導料		30
タイあがたへの売掛金	期末	150
（貸倒引当金繰入率4％）		

【あがた不動産（予算）】

損益計算書（百万円）

売上高	1,000
売上原価	660
売上総利益	340
販管費	120
営業利益	220
支払利息	50
税引前当期純利益	170
法人税等	68
当期純利益	102

〈連結情報〉

親会社への経営指導料	30
親会社への配当金	100

【あがたIT（予算）】

損益計算書（百万円）

売上高	2,750
売上原価	2,120
売上総利益	630
販管費	500
営業利益	130
支払利息	30
税引前当期純利益	100
法人税等	40
当期純利益	60

〈連結情報〉

あがた部品への売上高		350
親会社への経営指導料		30
あがた部品への売掛金	期首	100
（貸倒引当金繰入率4％）	期末	150

【タイあがた（予算）】

損益計算書（百万バーツ）	
売上高	2,000
売上原価	1,600
売上総利益	400
販管費	300
営業利益	100
支払利息	30
税引前当期純利益	70
法人税等	18
当期純利益	52
〈連結情報〉	
あがた部品からの仕入高	2,100
あがた部品からの在庫　期首	500
（利益率20%）　　　　　期末	500
親会社への経営指導料	25
（損益計算書の換算レート 1バーツ＝0.40円）	

円換算 →

損益計算書（百万円）	
売上高	800
売上原価	640
売上総利益	160
販管費	120
営業利益	40
支払利息	12
税引前当期純利益	28
法人税等	7
当期純利益	21
〈連結情報〉	
あがた部品からの仕入高	840
あがた部品からの在庫　期首	150
（利益率20%）　　　　　期末	200
親会社への経営指導料	10
（損益計算書の換算レート 1バーツ＝0.40円）	

が、ここでは簡略化のため省略しています。図表5-8は予算におけるグループ会社間取引の様子です。

　（a）連結仕訳

　予算連結の作成は、連結決算書の作成と同様に行います。まず、各社の予算を合算し、連結会社間の取引、未実現利益を消去することになります。予算による連結精算表を作成する場合の連結仕訳の内容は以下のとおりになります。

〈取引高の相殺消去〉

　予算における各社の取引高、債権債務残高は以下のとおりです。

▶あがた不動産→あがたホールディングへ配当支払 100百万円

▶あがたIT→あがた部品へ売上 350百万円（期末売掛金 150百万円）

▶あがた部品→タイあがたへ売上 840百万円（期末売掛金 150百万円）

▶あがたホールディング→子会社4社へ経営指導 100百万円

これら取引高に関する連結仕訳は以下のとおりです。

図表5-8 グループ会社間取引図（予算）

（単位：百万円）

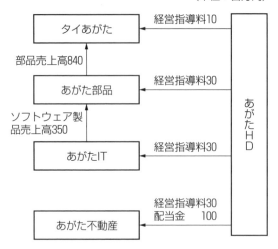

【配当金の消去】

（借） 売上高（あがたHD）	100	（貸） 支払配当金（あがた不動産）	100

【取引高消去】

（借） 売上高（あがた IT）	350	（貸） 売上原価（あがた部品）	350
売上高（あがた部品）	840	売上原価（タイあがた）	840
売上高（あがた HD）	100	販管費（子会社4社）	100

〈貸倒引当金の消去〉

▶あがた IT のあがた部品に対する売掛金

　　期首 100 百万円（貸倒引当金繰入率 4 %）

　　期末 150 百万円（貸倒引当金繰入率 4 %）

▶あがた部品のタイあがたに対する売掛金

　　期末 150 百万円（貸倒引当金繰入率 4 %）

これら貸倒引当金に関する連結仕訳は以下のとおりです。

【貸倒引当金消去】

(借)	販管費(あがたIT)	4	(貸)	期首利益剰余金(あがたIT)	4
	貸倒引当金(あがたIT)	6		販管費(あがたIT)	6
	貸倒引当金(あがた部品)	6		販管費(あがた部品)	6

〈未実現利益の消去〉

▶あがたITから仕入れたあがた部品の在庫残高

　期首160百万円（利益率25％）

　期末100百万円（利益率25％）

▶あがた部品から仕入れたタイあがたの在庫残高

　期末150百万円（利益率20％）

　期末200百万円（利益率20％）

これら未実現利益に関する連結仕訳は以下のとおりです。

【未実現利益消去】

(借)	期首利益剰余金(あがたIT)	40	(貸)	売上原価(あがたIT)	40
	売上原価(あがたIT)	25		たな卸資産(あがた部品)	25
	期首利益剰余金(あがた部品)	30		売上原価(あがた部品)	30
	売上原価(あがた部品)	40		たな卸資産(タイあがた)	40

〈のれんの償却〉

あがたITを買収した際に計上したのれんの償却額を計上します。

【のれんの償却】

(借)	のれん償却額	47	(貸)	のれん	47

　(b) 予算連結の作成

これらの連結仕訳を入れることにより、予算連結の連結精算表を作成すると

図表 5-9 のようになります。その結果を要約した予算連結は図表 5-10 になります。

図表 5-9　予算連結精算表

（単位：百万円）

	あがたHD	あがた部品	あがた不動産	あがたIT	タイあがた	合算	連結仕訳	予算連結
売上高	200	7,000	1,000	2,750	800	11,750	△1,390	10,360
売上原価	—	5,650	660	2,120	640	9,070	△1,195	7,875
売上総利益	200	1,350	340	630	160	2,680	△195	2,485
販売費及び一般管理費	200	1,300	120	500	120	2,240	△61	2,179
営業利益	0	50	220	130	40	440	△134	306
支払利息	—	20	50	30	12	112	—	112
経常利益	0	30	170	100	28	328	△134	194
税金等調整前当期純利益	0	30	170	100	28	328	△134	194
法人税等	—	12	68	40	7	127	—	127
当期純利益	0	18	102	60	21	201	△134	67

図表 5-10　予算連結

【あがたグループ予算連結】

連結損益計算書（予算）	
売上高	10,360
売上原価	7,875
売上総利益	2,485
販管費	2,179
営業利益	306
支払利息	112
税金等調整前当期純利益	194
法人税等	127
当期純利益	67

以上のように、予算連結を作成しましたが、連結会社間取引等の取引金額と未実現利益の予算金額をきちんと把握しておかないと、その後の差異分析の意味が薄れてしまう点に注意が必要です。

　連結決算書を作成するだけでもかなりの作業量になりますから、予算連結まで行うと相当作業量が増加すると思われるかもしれません。はじめて連結決算書を作成する場合には、どのような連結仕訳が必要であるか判断する必要があるため、手間がかかる可能性はあります。しかし、連結決算書の作成作業は新しい事象が発生しない限り、同じ連結仕訳を継続すればよいので、慣れてくれば効率的に作成ができます。

　あるいは省力化の手段としては連結決算書だけでなく、予算連結の作成にあたっても、連結会計システムを使うことが考えられます。各社から入手した予算データを連結会計システムに取り込み、自動で連結仕訳を行えるためより効率的に連結決算書を作成することができます。

　予算連結の作成では、親会社、子会社の情報を集めて連結決算書を作成した後、グループ全体の視点から修正作業が発生することが想定されます。そのような修正作業がある場合に、システムを使っていないと修正転記ミス、修正漏れなどが発生することがありますが、連結会計システムを導入すると修正が必要な箇所は自動で修正でき、作業ミスの防止にも効果的です。実績だけでなく、予算の作成にもシステムを利用するとシステム内において予実比較までできますから、スピード、効率性、正確性を向上させることができます。

B　予算実績差異分析

　図表5-9、5-10のように作成した予算連結をもとに、第4章において作成した連結決算書との予算実績差異分析を図表5-11のとおり実施しました。

　連結による差異を分析する際には、個別決算書の数値だけではなく、連結仕訳による影響も考慮しなければなりません。

　連結損益計算書のそれぞれの科目で差異を把握し、内容を分析します。これにより、連結ベースで予算との差異を把握し、連結ベースの視点で対策を講じることができるようになります。特に、未実現利益については、個別決算書で

図表5-11 予算実績差異分析表

(単位：百万円)

	実績	予算	予実差異	差異率
売上高	10,419	10,360	59	0.6%
売上原価	7,893	7,875	18	0.2%
売上総利益	2,526	2,485	41	1.6%
販売費及び一般管理費	2,258	2,179	79	3.6%
営業利益	268	306	△38	△12.4%
支払利息	132	112	20	17.9%
経常利益	136	194	△58	△29.9%
税金等調整前当期純利益	136	194	△58	△29.9%
法人税等	131	127	4	3.1%
当期純利益	5	67	△62	△92.5%

は利益が計上されていると思っていたのが、未実現利益を消去してしまうと利益がそれほどでもないことがわかるなど、連結決算書を作成しないとわからない点もあります。

以下において、予算と実績の差異分析をしていきますが、売上高及び売上原価のみを分析します。また、収益、費用を問わず、予算に比べて利益が増加した差異を有利差異、利益が減少した差異を不利差異といいます。

（a）売上高の分析

連結ベースでの売上高予算と実績の差異について分析した資料が図表5-12になります。連結ベースの売上高について差異分析する際には、各社別の売上高の差異及び連結仕訳による差異の内容を分析する必要があります。

売上高全体の予算との差異は、59百万円（有利差異）発生しており、差異率では予算に比べ0.6％増となっています。この主な原因は、あがた部品及びタイあがたの売上高が予算に比べてそれぞれ65百万円、32百万円少なかったものの、あがた不動産及びあがたITの売上高が予算に比べてそれぞれ80百万円、

図表5-12 売上高の差異分析

(単位:百万円)

	実績	予算	予実差異	差異率	差異原因
あがたHD	200	200	—	0.0%	
あがた部品	6,935	7,000	△65	△0.9%	自動車部品が予算比162百万円増 電気部品が予算比227百万円減
あがた不動産	1,080	1,000	80	8.0%	稼働率の増加
あがたIT	2,800	2,750	50	1.8%	受注の予算比増
タイあがた	768	800	△32	△4.0%	販売数量の予算比減
単純合計	11,783	11,750	33	0.3%	
連結仕訳	△1,364	△1,390	26	△1.9%	あがた部品のタイあがたへの売上予算比44百万円増 あがたITのあがた部品への売上予算比70百万円減
連結売上高	10,419	10,360	59	0.6%	

50百万円増加したことによります。

最初に、図表5-12の売上高の差異のうち、連結仕訳の差異26百万円(有利差異)の内容について図表5-13で見ていきます。連結仕訳は連結会社間で生じた取引等を消去したものです。あがた部品からタイあがたへの売上高が予算に比べて△44百万円(不利差異)発生していることがわかります。反対にあがたITのあがた部品への売上高が予算に比べて70百万円(有利差異)減少していることがわかります。

売上高の差異を把握するためには、各社ごとのより詳細な分析が必要になります。ここでは売上高の最も大きなあがた部品を取り上げ詳しく差異分析をしていきます。

あがた部品の売上高予算が7,000百万円であるのに対して、実績が6,935百万円であったため、65百万円のマイナスの原因を分析することになります。

あがた部品は、①自動車部品と②電気部品の2つの製品の販売をしているため、この2つに分けて分析します。

差異が発生した要因は色々な角度から分析できますが、基本的な分析方法として、販売価格と販売数量に分けて差異を把握する方法があります。図表5-14はあがた部品における売上高について分析したものであり、縦が販売価格、横が販売数量を表しており、それぞれ予算と実績の数値を示しています。

図表5-13 売上高のうち連結仕訳の差異分析

(単位：百万円)

	実績	予算	予実差異	差異率	差異原因
あがたITのあがた部品への売上	△280	△350	70	△20.0％	あがた部品の売れ筋製品の変化による売上高減少
あがた部品のタイあがたへの売上	△884	△840	△44	5.2％	タイあがたへの売上高増加
あがたHDの子会社に対する売上	△100	△100	―	0.0％	経営指導料
あがたHDの子会社に対する売上	△100	△100	―	0.0％	配当金
連結仕訳合計	△1,364	△1,390	26	△1.9％	

図表5-14 あがた部品の売上高の差異分析

①自動車部品売上高

価格
6,200 実際価格
　　　　　価格差異 102百万円（有利）
6,000 予算価格
　　　　　　　数量差異 60百万円（有利）
　　　　　　　　　　　　　　　　　販売数量
　　　　500,000　510,000
　　　　予算数量　実際数量

②電気部品売上高

価格
3,850 実際価格
　　　　　価格差異 △147百万円（不利）
4,000 予算価格
　　　　　　　数量差異 △80百万円（不利）
　　　　　　　　　　　　　　　　　販売数量
　　　　1,000,000　980,000
　　　　予算数量　実際数量

この図をもとに、価格が増減したことによる価格差異、数量が増減したことによる数量差異を把握します。

▶価格差異

価格差異については、以下の算式によって求められます。

価格差異＝(実際価格－予算価格)×実際数量

この算式によって、あがた部品の①自動車部品売上高及び②電気部品売上高の価格差異を求めると以下のとおりになります。

	実際価格 A	予算価格 B	実際数量 C	価格差異 (A－B)×C
①自動車部品	6,200 円	6,000 円	510 千個	102 百万円
②電気部品	3,850 円	4,000 円	980 千個	△147 百万円
価格差異合計				△45 百万円

この結果、自動車部品は実際販売価格が予算を上回ったため、102 百万円の有利差異として把握され、電気部品は実際販売価格の下落により△147 百万円の不利差異が発生したことがわかります。

▶数量差異

次に、数量差異については、以下の算式によって求められます。

数量差異＝予算価格×(実際数量－予算数量)

この算式によって、あがた部品の①自動車部品売上高及び②電気部品売上高の数量差異を求めると以下のとおりになります。

	予算価格 A	実際数量 B	予算数量 C	数量差異 A×(B－C)
①自動車部品	6,000 円	510 千個	500 千個	60 百万円
②電気部品	4,000 円	980 千個	1,000 千個	△80 百万円
数量差異合計				△20 百万円

この結果、自動車部品は販売数量が伸びたことにより 60 百万円の有利差異

が発生していますが、電気部品は販売数量が振るわなかったため△80百万円の不利差異が発生していることがわかります。

あがた部品の売上高全体で考えると△65百万円の差異は、主に電気部品の販売価格の下落及び販売数量の落ち込みによることがわかりました。このような差異が発生した原因を追究し、マイナスの要因については対策を講じる必要があります。

自動車部品は自社製品の品質が評価され、販売が好調であり価格及び数量ともに予算を上回る結果となっています。これに対して、電気部品は電気製品自体の価格下落により、販売価格の下落とともに販売数量についても減少しています。

(b) 売上原価の分析

売上原価の差異について見てみます。売上原価についても各社ごとに差異を分析する必要があります。差異の要因としては、図表5-15のとおり、主にあ

図表5-15 売上原価の差異分析

(単位：百万円)

	実績	予算	予実差異	差異率	差異原因
あがた部品	5,550	5,650	△100	△1.8%	労務費の抑制による減少
あがた不動産	705	660	45	6.8%	賃貸物件の修繕費の増加
あがたIT	2,128	2,120	8	0.4%	売上高増加に伴う増加
タイあがた	634	640	△6	△0.9%	売上高減少に伴う減少
単純合計	9,017	9,070	△53	△0.6%	
連結仕訳	△1,124	△1,195	71	△5.9%	タイあがたのあがた部品からの仕入予算比44百万円増 あがた部品のあがたITからの仕入予算比70百万円減 タイあがたの未実現利益予算比40百万円増（期末）
連結売上原価	7,893	7,875	18	0.2%	

がた部品の差異△100百万円、あがた不動産45百万円及び連結仕訳の差異71百万円になります。

最初に、図表5-15の売上原価の差異のうち、連結仕訳の差異71百万円（不利差異）の内容について図表5-16で見ていきます。タイあがたのあがた部品からの仕入が増加したことによる影響が△44百万円（有利差異）あります。反対に、あがた部品のあがたITからの仕入が減ったことによる影響が70百万円（不利差異）あります。

これに加え、タイあがたの期末の未実現利益が予算に比べて増加したことにより40百万円（不利差異）の差異が発生しています。これは、タイあがたにおいて、あがた部品から仕入れた在庫が膨らんだことで発生したものです。

売上原価の差異についても、あがた部品について詳細に分析します。あがた部品の売上原価を図表5-17のように分析しました。製造原価は、材料費、労務費、経費に分けて分析しますが、差異分析の手続としては基本的に売上高の

図表5-16 売上原価のうち連結仕訳の差異分析

（単位：百万円）

	実績	予算	予実差異	差異率	差異原因
あがた部品のあがたITからの仕入	△280	△350	70	△20.0%	あがた部品の売れ筋製品の変化による仕入高減少
タイあがたのあがた部品からの仕入	△884	△840	△44	5.2%	タイあがたへの売上高増加
あがた部品在庫の未実現利益（期首）	△40	△40	—	0.0%	
あがた部品在庫の未実現利益（期末）	30	25	5	20.0%	あがた部品在庫の増加
タイあがた在庫の未実現利益（期首）	△30	△30	—	0.0%	
タイあがた在庫の未実現利益（期末）	80	40	40	100.0%	タイあがた在庫の増加
連結仕訳合計	△1,124	△1,195	71	△5.9%	

差異分析と同様であるため、結果のみを記載します。

図表 5-17 あがた部品の売上原価の差異分析

(単位:百万円)

	実績	予算	予実差異	差異率	差異原因
材料費	2,493	2,500	△7	△0.3%	自動車部品が予算比 81百万円増 電気部品が予算比 88百万円減
労務費	1,422	1,500	△78	△5.2%	給与の抑制による減少
経費	1,635	1,650	△15	△0.9%	水道光熱費等の経費削減
当期総製造費用	5,550	5,650	△100	△1.8%	
期首仕掛品及び製品	900	900	—	—	
計	6,450	6,550	△100	△1.5%	
期末仕掛品及び製品	900	900	—	—	
売上原価	5,550	5,650	△100	△1.8%	

〈材料費〉

▶価格差異

	実際価格 A	予算価格 B	実際使用量 C	価格差異 (A−B)×C
①自動車部品	3,100円	3,000円	510千個	51百万円
②電気部品	950円	1,000円	960千個	△48百万円
価格差異合計				3百万円

▶数量差異

	予算価格 A	実際使用量 B	予算使用量 C	数量差異 A×(B−C)
①自動車部品	3,000円	510千個	500千個	30百万円
②電気部品	1,000円	960千個	1,000千個	△40百万円
数量差異合計				△10百万円

〈労務費〉

▶賃率差異

	実際賃率 A	予算賃率 B	実際作業時間 C	賃率差異 (A−B)×C
①自動車部品	2,900 円	3,000 円	360 千時間	△36 百万円
②電気部品	2,800 円	3,000 円	135 千時間	△27 百万円
賃率差異合計				△63 百万円

▶作業時間差異

	予算賃率 A	実際作業時間 B	予算作業時間 C	作業時間差異 A×(B−C)
①自動車部品	3,000 円	360 千時間	350 千時間	30 百万円
②電気部品	3,000 円	135 千時間	150 千時間	△45 百万円
作業時間差異合計				△15 百万円

〈経費〉

(単位:百万円)

	実績	予算	予実差異	差異率	差異原因
外注加工費	410	400	10	2.5 %	外注製品の増加による増加
減価償却費	155	150	5	3.3 %	予算外の機械設備の購入
地代家賃	250	250	—	—	
水道光熱費	268	280	△12	△4.3 %	節約による減少
その他経費	552	570	△18	△3.2 %	経費の削減による減少
経費合計	1,635	1,650	△15	△0.9 %	

以上のように、あがた部品の売上高及び売上原価の予算実績の差異分析ができました。これを次に活かすことが重要になります。あがた部品では、分析結果を踏まえ、次のように今後の対策を掲げ各部署に伝えました。

項　目		対　策
売上高	自動車部品	海外への輸出拡大
	電気部品	個々の製品の採算管理の実施 取扱製品の見直し
売上原価	自動車部品	材料の発注体制の見直し 作業ミスの原因追究と対策強化
	電気部品	工員の配置の見直し

② **セグメント情報の作成**

A　概要

事業ごとの業績を把握するために、セグメント情報を作成することにしました。部品製造事業、不動産事業及びIT事業にセグメントを分けることにしました。セグメント情報を作成すると、個別決算書では考慮しないセグメント内、セグメント間の取引や未実現利益を調整することにより、セグメントごとの利益水準を把握できるようになります。

各会社のセグメント分けは、図表5-18のように部品製造事業に「あがた部品」及び「タイあがた」、不動産事業に「あがた不動産」、IT事業に「あがたIT」とし、「あがたホールディング」は本社機能であるため、どのセグメントにも属さない形でセグメント情報を作成します。

このようにセグメント分けをした結果、図表5-19のとおりセグメント情報を作成しました。

図表5-18　セグメント分け一覧表

セグメント	会社名
部品製造事業	あがた部品 タイあがた
不動産事業	あがた不動産
IT事業	あがたIT
セグメントに属さない	あがたホールディング

図表5-19 あがたグループのセグメント情報

(単位:百万円)

	部品製造事業	不動産事業	IT事業	計	調整額	連結
外部顧客への売上高	6,819	1,080	2,520	10,419	—	10,419
セグメント間の内部売上高又は振替高	—	—	280	280	△280	—
計	6,819	1,080	2,800	10,699	△280	10,419
営業費用	6,825	835	2,679	10,339	△188	10,151
営業利益	△6	245	121	360	△92	268

　このセグメント情報から、個別決算書でみると黒字であった部品製造事業が赤字であったことがわかります。個別の合算では、営業利益の合計が30百万円(あがた部品10百万円、タイあがた20百万円)計上されていましたが、セグメント情報をみると6百万円の赤字になりました。このように、連結ベースでみると個別とは全く違う情報を得ることができました。

　セグメント情報の調整額の欄には、各セグメントに入れなかったあがたホールディングの損益及びセグメント間取引が計上されています。連結欄は基本的に連結損益計算書と金額が一致することになります。

B　作成過程

　セグメント情報の作成過程を示したのが次の図表5-20になります。図表5-20は作成過程が詳細にわかるように、各セグメントの中身を会社別に分けています。また、取引の内容を外部取引、セグメント内取引、セグメント間取引を分けています。

　部品製造事業はあがた部品とタイあがたの2社があるため、セグメント情報作成にあたって事業の中身を分けています。

　調整額については、図表5-20のとおり、本社機能であるあがたホールディングの数値とセグメント間取引が計上されます。

　取引の区分については、各社の数値を外部顧客との取引、セグメント内取引、セグメント間取引にあらかじめ分けておくとわかりやすくなります。図表5-20の営業費用ではさらに、未実現利益についてもわかりやすいように分け

図表5-20 セグメント情報の詳細

	部品製造事業				
	【1】 あがた 部品	【2】 タイ あがた	【3】 セグメント 内取引	計	【4】 不動産 事業
外部顧客への売上高	6,051	768	—	6,819	1,080
セグメント内の内部売上高	884	—	△884	—	—
セグメント間の内部売上高又は振替高	—	—	—	—	—
売上高計	6,935	768	△884	6,819	1,080
外部への営業費用	6,615	104	—	6,719	805
営業費用（セグメント内）	—	634	△898	△264	—
（セグメント内未実現）	—	—	50	50	—
営業費用（セグメント間）	310	10	—	320	30
（セグメント間未実現）	—	—	—	—	—
営業費用計	6,925	748	△848	6,825	835
営業利益	10	20	△36	△6	245

（単位：百万円）

【5】		調整額			
		【6】	【7】		
IT事業	計	あがたHD	セグメント間取引	計	連結
2,520	10,419	—	—	—	10,419
—	—	—	—	—	—
280	280	200	△480	△280	—
2,800	10,699	200	△480	△280	10,419
2,602	10,126	200	—	200	10,326
47	△217	—	—	—	△217
—	50	—	—	—	50
30	380	—	△378	△378	2
—	—	—	△10	△10	△10
2,679	10,339	200	△388	△188	10,151
121	360	—	△92	△92	268

ています。

なお、今回はありませんが、1つの会社が複数のセグメントにまたがっている場合には、決算書をセグメント分けするとともにその会社内部でのセグメント間取引を別途把握する必要があります。

C　連結仕訳の取扱い

ここまでは、個別決算書をセグメント区分ごとに分けるに際しての話になります。ここから、連結仕訳をセグメントごとに分けることによって、セグメント情報を作成していく過程になります。

連結仕訳をセグメント内取引として消去するか、セグメント間取引として消去するかによって、各セグメントの損益が変わってくることになります。セグメント内取引として処理すると、図表5-20の部品製造事業のように、同じ事業セグメントのなかで消去されることになります。一方、セグメント間取引として処理すると、調整額の欄に計上されますので、各事業セグメント欄で調整されることはありません。

以上の作成過程をセグメント別に詳細に見ていきます。

D　セグメント別の詳細

（a）部品製造セグメント

〈あがた部品〉

図表5-21はあがた部品の個別決算書を外部取引、セグメント内取引、セグメント間取引に分けた図になります。このように分けることで、後々、連結仕訳をセグメント内取引もしくはセグメント間取引に分けた際に対応関係が理解しやすくなります。

売上高はタイあがたへの売上高884百万円があったため、同じセグメントへの売上高（セグメント内取引）として分けています。残りの6,051百万円が外部顧客への売上高になります。

売上原価はあがたITからの仕入高280百万円があったため、別のセグメントからの仕入高（セグメント間取引）として分けています。

販売費及び一般管理費はあがたホールディングへの経営指導料30百万円が

第5章 連結管理会計の導入

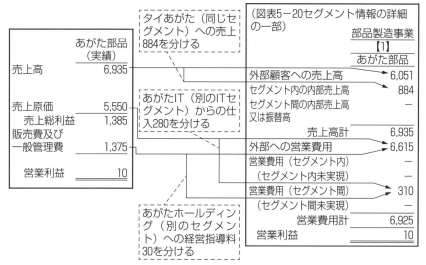

図表5-21 あがた部品の分解

あったため、別のセグメントへの支払（セグメント間取引）として分けています。

〈タイあがた〉

図表5-22は部品製造事業に属するタイあがたの個別決算書を分解した図表になります。

売上高は外部への売上高のみであるので、そのまま外部顧客への売上高に768百万円が計上されます。

売上原価はすべてあがた部品から仕入をしているため、全額同じセグメントからの仕入高（セグメント内取引）として分けています。

販売費及び一般管理費はあがたホールディングへの経営指導料10百万円があったため、別のセグメントへの支払（セグメント間取引）として分けています。

図表5-22 タイあがたの分解

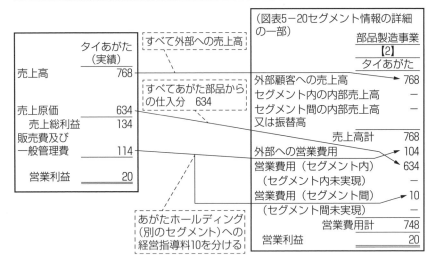

〈セグメント内取引〉

図表5-23は部品製造事業のセグメント内取引について分解した図になります。今回のセグメント内取引は、あがた部品とタイあがたの2社間の取引になります。

あがた部品からタイあがたへの売上高884百万円は、図の連結仕訳のとおり、売上高が消去されますが、それに対応して仕入高（売上原価）も消去されます。したがって、売上高及び売上原価それぞれから消去されるため、損益に影響を与えません。

あがた部品が計上している売掛金350百万円を債権債務の相殺消去でゼロにしたことにより、売掛金に設定した貸倒引当金14百万円が消去されています。この貸倒引当金の消去の連結仕訳もセグメント内の取引の結果生じたものであるため、営業費用（セグメント内）に計上することになります。

タイあがたが保有する在庫は、すべてあがた部品から仕入れたものであるため、期首未実現利益の実現分△30百万円（150百万円×20％）及び期末の未実現利益80百万円（400百万円×20％）は営業費用（セグメント内未実現）

図表5-23 セグメント内取引

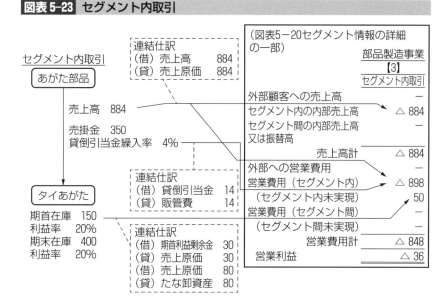

に計上しています。

(b) 不動産セグメント

図表5-24は不動産事業に属するあがた不動産の個別決算書を分解した図になります。

(c) ITセグメント

図表5-25は、IT事業に属するあがたITの個別決算書を分解した図になります。あがたITの株式を取得し連結上で発生しているのれんの償却額47百万円を営業費用(セグメント内)に計上しています。

(d) 調整額

調整額は、あがたホールディングの決算数値とセグメント間取引が計上されています。それぞれ計上されている内容を以下で見ていきます。

図表 5-24 あがた不動産の分解

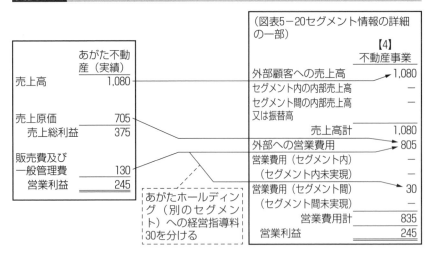

図表 5-25 あがた IT の分解

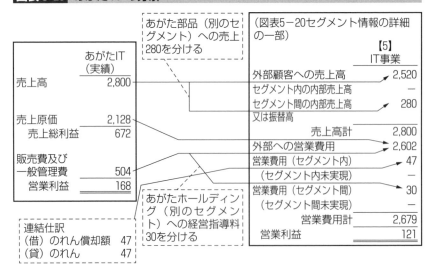

第5章　連結管理会計の導入

図表5-26　あがたホールディングの分解

あがたHD（実績）		各子会社からの経営指導料100及びあがた不動産からの配当金100	（図表5-20セグメント情報の詳細の一部）	調整額【6】あがたHD
売上高	200		外部顧客への売上高	－
			セグメント内の内部売上高	－
売上原価	－		セグメント間の内部売上高又は振替高	200
売上総利益	200		売上高計	200
販売費及び一般管理費	200		外部への営業費用	200
			営業費用（セグメント内）	－
			（セグメント内未実現）	－
営業利益	－		営業費用（セグメント間）	－
			（セグメント間未実現）	－
			営業費用計	200
			営業利益	－

〈あがたホールディング〉

　図表5-26は調整額に計上されているあがたホールディングの個別決算書を分解した図になります。

　売上高は各子会社からの経営指導料収入100百万円及びあがた不動産からの配当金収入100百万円であったため、別のセグメントからの収入（セグメント間取引）として計上しています。

　販売費及び一般管理費は、全て外部との取引であり、外部への営業費用に計上しています。

〈セグメント間取引〉

　図表5-27は、連結仕訳のうちセグメント間取引に該当する仕訳について示し、調整額への計上を説明した図になります。

　セグメント間取引の売上高に計上されているものは、図表5-27の連結仕訳のうち、(1) ITセグメントから部品製造セグメントへの△280百万円及び(2)、(3) のあがたホールディングの各子会社への売上高△200百万円の売上

－183－

図表5-27 セグメント間取引

(連結仕訳のうちセグメント間取引)	
(1) IT→部品への売上	280
(2) 各子会社→HDへの経営指導料	100
(3) 不動産→HDへの配当金	100
(4) あがた部品の未実現利益（期首）	40
(5) あがた部品の未実現利益（期末）	30
(6) あがたITの貸倒引当金戻し（期首）	4
(7) あがたITの貸倒引当金戻し（期末）	2

左記の連結仕訳(1)、(2)、(3)の売上高

左記の連結仕訳(1)、(2)、(6)、(7)の売上原価、販管費

左記の連結仕訳(4)、(5)の売上原価

（図表5-20セグメント情報の詳細の一部）

	調整額【7】セグメント間取引
外部顧客への売上高	－
セグメント内の内部売上高	－
セグメント間の内部売上高又は振替高	△480
売上高計	△480
外部への営業費用	－
営業費用（セグメント内）	－
（セグメント内未実現）	－
営業費用（セグメント間）	△378
（セグメント間未実現）	△10
営業費用計	△388
営業利益	△92

高になります。

　セグメント間取引の営業費用については、セグメント間取引として認識されている(1)部品製造セグメントのITセグメントからの仕入△280百万円、(2)あがたホールディングへの経営指導料△100百万円、(6)、(7)あがたITの売掛金消去に伴う貸倒引当金の戻し2百万円の合計△378百万円が計上されています。

　営業費用（セグメント間未実現）は、あがたITからあがた部品への売上に関する在庫未実現になります。図表5-27の連結仕訳のうち、(4)、(5)の未実現利益に関する仕訳合計△10百万円が計上されています。

　以上のような調整をした結果、最終的に図表5-20のようなセグメント情報が作られることになります。

連結管理会計の完成

1 連結予算実績差異分析表、セグメント情報

【連結予算実績差異分析表】

(単位：百万円)

	実績	予算	予実差異	差異率
売上高	10,419	10,360	59	0.6％
売上原価	7,893	7,875	18	0.2％
売上総利益	2,526	2,485	41	1.6％
販売費及び一般管理費	2,258	2,179	79	3.6％
営業利益	268	306	△38	△12.4％
支払利息	132	112	20	17.9％
経常利益	136	194	△58	△29.9％
税金等調整前当期純利益	136	194	△58	△29.9％
法人税等	131	127	4	3.1％
当期純利益	5	67	△62	△92.5％

【セグメント情報】

(単位：百万円)

	部品製造事業	不動産事業	IT事業	計	調整額	連結
外部顧客への売上高	6,819	1,080	2,520	10,419	―	10,419
セグメント間の内部売上高又は振替高	―	―	280	280	△280	―
計	6,819	1,080	2,800	10,699	△280	10,419
営業費用	6,825	835	2,679	10,339	△188	10,151
営業利益	△6	245	121	360	△92	268

2 問題点の解決

　グループ全体として管理、統制するための手法として、連結ベースでの予算管理及びセグメント情報を作成しました。これにより、個社ごとではなくグループ全体の視点から見た戦略を立てることができました。

① 連結の効果

図表5-28は、個別決算書を単純合算した予算実績差異分析資料になります。これに対して、連結仕訳を考慮した連結決算書ベースの予算実績差異分析資料が図表5-29になります。

これを見るとグループ会社間取引や未実現利益を考慮しない単純合算によった場合は、営業利益の予算と実績の差異は3百万円となっています。一方、連結仕訳を考慮した図表5-29では、予算と実績の差異が△38百万円と大きくなっています。このように連結仕訳を考慮しない個別決算書ベースで判断してしまうと誤った見方をする可能性があります。

図表5-28 単純合算による予算実績差異分析

(単位：百万円)

	予算	実績	差異
売上高	11,750	11,783	33
売上原価	9,070	9,017	△53
売上総利益	2,680	2,766	86
販売費及び一般管理費	2,240	2,323	83
営業利益	440	443	3

図表5-29 連結決算書による予算実績差異分析

(単位：百万円)

	予算	実績	差異
売上高	10,360	10,419	59
売上原価	7,875	7,893	18
売上総利益	2,485	2,526	41
販売費及び一般管理費	2,179	2,258	79
営業利益	306	268	△38

② 事業別損益把握の効果

　事業ごとの損益も個別決算書の単純合算で見た場合とセグメント情報で見た場合で損益が変わってきます。

　図表5-30において部品製造事業の2社の単純合算した損益と連結仕訳を考慮したセグメント損益を見ることができます。部品製造事業の単純合算の損益は営業利益30百万円であるため業績は順調に見えますが、セグメント損益をみると6百万円の赤字になっていました。

　このように個別決算書の単純合算だけでは見えてこない事業ごとの損益をセグメント情報の作成により、把握することができました。

　当期はタイあがたへの製品販売により、あがた部品は黒字決算を確保しました。しかし、連結ベースで見た場合には、外部への売上高が減少しており、タイあがたへの売上高を除くと赤字になっていたことがわかりました。

　予算との比較で見た場合にも、単体ベースで見たときのあがた部品の売上高は、予算比△65百万円（差異率△0.9％）であり、予算との差異は少額であると判断していました。しかし、実際の中身を見ると、子会社であるタイあがたに対して、予算比44百万円増の売上高を計上していました。タイあがたの業績が好調で売上高が増加していれば問題ありませんが、タイあがたの売上は好調ではないため在庫が予算に比べ200百万円増加しています。この結果、タイあがたへの売上を除くあがた部品の外部への売上は予算に比べ、109百万円

図表5-30 部品製造事業のセグメント損益

（単位：百万円）

	あがた部品	タイあがた	合算	連結仕訳	合計
売上高	6,935	768	7,703	△884	6,819
売上原価	5,550	634	6,184	△834	5,350
売上総利益	1,385	134	1,519	△50	1,469
販売費及び一般管理費	1,375	114	1,489	△14	1,475
営業利益	10	20	30	△36	△6

減少していることがわかりました。

第6章
連結納税の導入

解決したい問題

subject 6 ・赤字会社を納税額圧縮に役立てたい

Q 連結決算や連結管理会計を導入し、グループ全体の状況把握やグループ統制などはうまくできるようになりました。

あがたホールディング
あがた社長

ところで、連結決算の損益計算書を見ていたら、税引前の当期純利益に比べて、法人税等の納税負担が大きく、最終の当期純利益が思ったより小さくなっていました。中身をよく見たら、部品製造事業は赤字なのに、黒字の出ている不動産賃貸事業とIT事業はそれぞれの税引前当期純利益に対する税率に応じた納税をしていることが原因だとわかりました。持株会社化する前であったら、不動産賃貸事業の黒字から部品製造事業の赤字を引いて課税所得を抑えることができたのに、持株会社化して子会社ごとに納税することになったために、課税所得計算で黒字事業から赤字事業を控除できなくなってしまいました。持株会社化前は赤字事業でも納税額を抑制するという意味はあったのに、これでは赤字が全く無駄になってしまいます。

持株会社化によって、事業部門の透明化や事業拡大が積極化されるというメリットがあるとしても、税金というキャッシュ・フローがこれだけマイナスになれば、持株会社化は全く無意味だということにもなりかねません。何とか納税によるキャッシュアウトの増大を防ぐ手立てはありませんか。

グローバルコンサルティング
永野公認会計士

A 連結納税の導入でグループ納税額を圧縮

　全部の事業がそれぞれに黒字であれば、持株会社化しても、グループ全体の納税額が増えることはありません。しかし、グループ内の事業成績にデコボコがあり、黒字の事業と赤字の事業を合算して課税所得を圧縮していた場合は、各事業を分社化すれば、納税額が増えてしまいます。それは納税単位を個別会社にしているためです。納税単位を単体納税方式しか選択できないとすれば、この納税問題が持株会社化を阻む最大の障害として残ってしまいます。そこでこうした欠点をカバーするために、連結納税制度が導入されました。

　連結納税制度を導入すれば、会社の法人格は別でも一定の手続を踏めば、親子会社一体にして課税所得の計算を行うことが可能になります。また、黒字会社の所得と赤字会社の欠損を通算できるので、赤字が有効に使えて、キャッシュアウトを抑えることができます。ただ、連結納税は連結決算と直接つながっておらず、システム投資の負担がかかることや、いったん導入すると容易に取り止めることができないといった不都合な点もありますから、そうしたデメリットもよく検討したうえで、導入をご決断ください。

あがたグループの現状

1 組織図

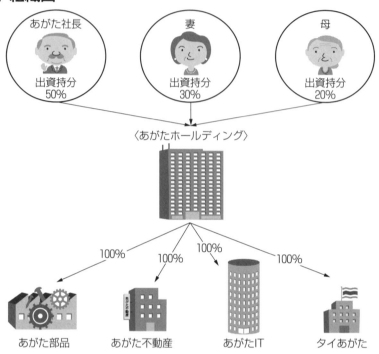

2 財務状況（貸借対照表、損益計算書）

【あがたグループ連結】　　　　　　　　　　　　　　　（単位：百万円）

連結損益計算書	
売上高	10,419
売上原価	7,893
売上総利益	2,526
販管費	2,258
（うち、のれん償却額）	(47)
営業利益	268
支払利息	132
税金等調整前当期純利益	136
法人税等	131
当期純利益	5

連結貸借対照表			
流動資産	4,026	流動負債	2,120
固定資産	3,463	固定負債	2,820
（うち、のれん）	(188)	純資産	2,549
資産計	7,489	負債純資産計	7,489

第6章 連結納税の導入

(単位：百万円)

【あがたホールディング】

損益計算書

売上高	200
（うち、経営指導料）	(100)
（うち、受取配当金）	(100)
売上原価	0
売上総利益	200
販管費	200
営業利益	0
税引前当期純利益	0
法人税等	0
当期純利益	0

貸借対照表

流動資産	70	流動負債	10
固定資産	2,569	固定負債	10
（うち、関係会社株式）	(2,569)	純資産	2,619
資産計	2,639	負債純資産計	2,639

【あがた部品】

損益計算書

売上高	6,935
売上原価	5,550
売上総利益	1,385
販管費	1,375
営業利益	10
支払利息	30
税引前当期純利益	△20
法人税等	0
当期純利益	△20

貸借対照表

流動資産	2,356	流動負債	1,850
固定資産	1,100	固定負債	700
		純資産	906
資産計	3,456	負債純資産計	3,456

【あがた不動産】

損益計算書

売上高	1,080
売上原価	705
売上総利益	375
販管費	130
営業利益	245
支払利息	50
税引前当期純利益	195
法人税等	78
当期純利益	117

貸借対照表

流動資産	670	流動負債	40
固定資産	1,400	固定負債	1,020
		純資産	1,010
資産計	2,070	負債純資産計	2,070

【あがたIT】

損益計算書

売上高	2,800
売上原価	2,128
売上総利益	672
販管費	504
営業利益	168
支払利息	40
税引前当期純利益	128
法人税等	51
当期純利益	77

貸借対照表

流動資産	812	流動負債	270
固定資産	700	固定負債	850
		純資産	392
資産計	1,512	負債純資産計	1,512

【タイあがた】

損益計算書

売上高	768
売上原価	634
売上総利益	134
販管費	114
営業利益	20
支払利息	12
税引前当期純利益	8
法人税等	2
当期純利益	6

貸借対照表

流動資産	612	流動負債	350
固定資産	75	固定負債	240
		純資産	97
資産計	687	負債純資産計	687

問題点の整理

1 子会社の納税額の増加

　第4章で説明したとおり、あがたグループは連結決算を導入し、グループ経営に移行しました。経営成績は単体ではなく連結決算で評価されるわけですから、個別会社だけを考えて経営するのではなく、グループ全体でどのように発展するかを目標とする経営体制になったといえます。ただ、連結決算を組んだことにより、完全にグループが一体となった経営戦略を取れるわけではありません。その大きな要因に納税の問題があります。

　グループ経営を志向するなら、グループ全体で納税額を最適化する税務戦略を取ることが必要になります。第4章で作成した連結決算がそのままグループ全体の税額計算に直結するなら、会計上の連結決算を利用した税務戦略を立てることが可能です。しかし、会計上は連結決算を組んでいても、納税単位は税務上の手続を取らない限り、依然として個社別の単体納税が継続されます。税額計算が個社別に行われる限り、税務戦略も個社単位に考えるしかありません。個社単位での最適な税務戦略の積み上げが連結上の最適戦略になるのであれば、単体納税でも構いませんが、個社と連結では税務戦略がずれるケースが出てきます。それはグループ会社で赤字を抱える場合です。

　あがたグループの国内3子会社の損益と納税状況は図表6-1のとおりです。あがた部品が20百万円の赤字です。赤字の場合には課税されませんから、あがた部品の法人税等はゼロになります。あがた不動産は堅実に利益を上げていますし、あがたITは近年業績好調で、両社とも相応の法人税を納付しています。その結果、国内3子会社の単純合算では税引前当期純利益303百万円、法人税等129百万円、当期純利益174百万円になっています。あがた部品の赤字は当期には損金に算入されず、黒字であるあがた不動産とあがたITには黒字額に応じた課税がなされた結果、グループとしての実効税率は高率になってしまいました。これでは最終利益が少なくなり、十分な内部留保ができません。

持株会社を組成する前は、それぞれの事業部の損益を通算して、課税所得を計算していました。仮に各社の損益が現状のままで、3子会社を1つの納税単位だと仮定して課税所得、法人税等、実効税率を計算すると図表6-2のようになるはずです。図表6-1と図表6-2を見比べてわかるとおり、法人税等は8百万円違います。これはあがた部品の赤字をグループ全体で通算できなくなったことによるものです。

現状の単体納税制度を維持するとすれば、あがた部品の赤字はあがた部品単体の繰越欠損金となり、将来のあがた部品だけの黒字で解消していかなければなりません。あがた部品が黒字転換できたとしても、繰越欠損金が税額の減少

図表6-1 国内3子会社の損益と実効税率

(単位：百万円)

	あがた部品	あがた不動産	あがたIT	子会社3社合算
税引前当期純利益（＝課税所得）	△20	195	128	303
法人税等	0	78	51	129
当期純利益	△20	117	77	174
実効税率	―	40％	40％	43％

図表6-2 国内3子会社を1つの納税単位とした場合

(単位：百万円)

	あがた部品	あがた不動産	あがたIT	合算
税引前当期純利益（＝課税所得）	△20	195	128	303
法人税等	―	―	―	121
当期純利益	―	―	―	182
実効税率	―	―	―	40％

としてキャッシュ化するのは数年後のことになってしまいます。経営的には不確定な将来のキャッシュより、確実な現在のキャッシュの方が望ましいことは言うまでもありません。

確かに持株会社化で各事業の業績伸長をはかりながら、グループを一体として経営していくというメリットは享受できたのですが、グループ全体としての税額増加というデメリットを引き受ける形になってしまいました。そのデメリットを何とか解消しなければなりません。

2 親会社の受取配当金の益金不算入

課税所得の計算の際、親会社が100％子会社から受け取る受取配当金は課税所得の計算上益金に算入されません。その結果、親会社単体の税務上の所得は会計上の利益に比べて大きく減少します。場合によっては、税務上赤字になる場合も少なくありません。持株会社制度を採用している企業グループでは、それも考慮に入れた税務対策が必要になります。

図表6-3は親会社あがたホールディング単体の損益計算書です。親会社のあ

図表6-3 あがたホールディングの損益計算書と課税所得

(単位：百万円)

売上高	200
（経営指導料）	(100)
（受取配当金）	(100)
販売費及び一般管理費	200
営業利益	0
税引前当期純利益	0
法人税等	0
当期純利益	0
受取配当金の益金不算入	△100
課税所得	△100

がたホールディングの収入は子会社からの受取配当金と経営指導料です。現状損益計算書では税引前当期純利益、法人税等、当期純利益はすべてゼロで、帳尻が合っているように見えますが、そうではありません。親会社の売上高に含まれている受取配当金が課税所得の計算上益金不算入になっているからです。あがたホールディングの受取配当金は100百万円ですから、課税所得はマイナス100百万円になります。あがたホールディングの課税所得は赤字なのです。もし、この赤字を他の子会社の黒字と損益通算できるなら、その分法人税等の負担を抑えることができるはずです。

改善策の検討と実行

❶ 連結納税制度とは

　連結納税制度を選択すれば、あがた部品の赤字と親会社の受取配当金の益金不算入に伴う税務上の欠損金をグループ全体で使い、法人税を圧縮することが可能です。

① 概要

A　連結納税の対象となる子会社の範囲

　連結納税制度では、親会社（法人税法上は「連結親法人」といいますが、本章では以下「親会社」といいます）と、その親会社に発行済株式総数の100％を保有（直接保有・間接保有を問いません）されているすべての子会社（法人税法上は「連結子法人」といいますが、本章では以下「子会社」といいます。なお、日本国内の子会社に限ります）を1つの連結グループ（以下、連結納税を選択していない企業集団を「企業グループ」、連結納税を選択した企業集団を「連結グループ」といいます）として取り扱います。したがって、発行済株式総数の20％以上保有している関連会社を連結対象としたり、発行済株式総数の100％を保有する子会社でも重要性がないため連結対象から外すという会計上の連結決算とは、対象とする子会社の範囲が異なります。

B　連結納税の選択

　連結納税を選択するかどうかは、各企業グループの任意とされていますので、その選択にあたっては有利不利の判定をしっかり行うことが必要です。連結納税を開始しようとする場合には、親会社とすべての子会社の連名で、その開始しようとする事業年度開始日の3か月前までに、国税庁長官に承認申請書を提出し、承認を受ける必要があります。

C　地方税の取扱い

　法人事業税、法人住民税については、連結納税制度が導入されていませんの

で、連結納税を選択した場合でも、従前どおり各法人が単体で申告を行うことになります。したがって、法人事業税、法人住民税については、連結グループ内の所得と欠損金の通算による節税効果は得られないことになります。

D　連結グループ会社間における事業年度、会計処理の統一

連結納税を選択した場合に、税法上、事業年度を統一することは強制されていませんが、決算手続の回数が増えないようにするためにも統一したほうが望ましいといえます。

もし、連結グループ会社間で事業年度が異なる場合、親会社の事業年度に合わせて連結納税のための決算手続を連結グループ全体で行い、さらに子会社各社は自社の事業年度に合わせて決算を行うため、1年に2回決算を行うことになってしまいます。

会計処理についても同様に、税法上は連結グループ全体で統一することは要求されていません。しかし、連結グループ全体で適正な業績を把握するという観点からは、会計処理も統一したほうが望ましいといえます。

E　連結納税開始時の処理…時価評価

連結納税の開始時には、子会社が保有する一定の資産（時価評価資産）については、原則として、その資産の時価評価を行い、その評価損益を計上しなければなりません。

ただし、すべての子会社について時価評価するわけではなく、①連結グループ内の会社により設立された会社、②適格株式交換に係る完全子会社、③親会社が長期保有している子会社等については、時価評価をする必要はありません。

また、時価評価をすべき子会社についても、そのすべての資産について時価評価をするわけではなく、時価評価をする資産は次のものに限られています。

（ア）固定資産（土地を含みます）

（イ）土地（たな卸資産である土地）

（ウ）有価証券

（エ）金銭債権

（オ）繰延資産

第6章　連結納税の導入

ただし、以下の資産については時価評価の対象となる資産から除かれることとされています。

（ア）税務上の帳簿価額が1,000万円未満の資産
（イ）評価損益の額が時価評価をすべき子会社の資本金等の額の2分の1に相当する金額または1,000万円のいずれか少ない金額に満たない場合のその資産
（ウ）その他一定の資産

F　連結納税計算

連結納税の計算について、単体納税の場合と比較して簡単に示すと、図表6-4のとおりとなります。

まず、単体納税では、親会社と子会社のそれぞれの所得に対して税率をかけて税額を計算します。この際に、親会社の所得と子会社の欠損金を通算することは、当然できません。

その結果、グループ全体で見ると、税引前当期純利益が500であるのに対して、法人税等が400となり、実効税率は80％となってしまいます。

これに対し、図表6-5のように連結納税を選択した場合には、法人税の計算に際し、親会社の所得と子会社の欠損金を通算しますので、1,000－500＝500の課税所得に対して法人税率30％をかけて、法人税額150となります（図表6-5 ※印）。これが、連結納税特有の計算方法です。なお、地方税については

図表6-4　単体納税の場合のグループ全体の税額

	親会社	子会社	グループ合計
税引前当期純利益 （＝課税所得）	1,000	△500	500
法人税等	400	0	400
（法人税）	(300)	(0)	(300)
（地方税）	(100)	(0)	(100)
当期純利益	600	△500	100

（前提）単純化のため、課税所得に対する法人税率を30％、地方税率を10％とし、均等割は考慮していません。

図表 6-5　連結納税を選択した場合のグループ全体の税額

	親会社	子会社	連結
税引前当期純利益 （＝課税所得）	1,000	△500	500 通算 →
法人税等	―	―	250
（法人税）	（―）	（―）	（※150）
（地方税）	（100）	（0）	（100）
当期純利益	―	―	250

（**前提**）単純化のため、課税所得に対する法人税率を 30 ％、地方税率を 10 ％とし、均等割は考慮していません。

連結納税の対象外であるため、単体納税のときと同じ計算をします。

その結果、グループ全体で見ると、税引前当期純利益が 500 であるのに対して、法人税等が 250、実効税率は 50 ％となり、単体納税の場合よりも税負担を抑えることができます。

②　メリット

連結納税を選択した場合、単体納税と比べて次のようなメリットがあります。

A　所得と欠損金の通算

連結納税制度を選択する最大のメリットは、連結グループ内での所得と欠損金を通算して法人税額を計算することにより、各社がそれぞれ計算する場合に比べ、法人税額が減少することにあります。

図表 6-4 と図表 6-5 を比べると、単体納税（図表 6-4）の場合には法人税等が 400 となるのに対し、連結納税（図表 6-5）を選択した場合には、法人税等が 250 となります。これは親会社の所得（1,000）と子会社の欠損金（△500）を通算した所得（500）に対して法人税額を計算しているからです。ここに連結納税の最大のメリットがあります。

なお、連結納税はあくまでも法人税だけの制度ですから、地方税である法人事業税と法人住民税の計算においては、所得と欠損金の通算は行われません。

したがって、所得と欠損金の通算による節税効果は法人税だけにとどまりますので、留意してください。

B　親会社の繰越欠損金の利用

連結納税開始前に生じた親会社の繰越欠損金は、連結納税開始後も利用することができます。また、その親会社の繰越欠損金は、親会社の所得のみならず、子会社の所得からも控除できます。

図表6-6　親会社の連結納税開始前の繰越欠損金の利用

	単体納税 X1年	単体納税 X2年	連結納税 X3年	連結納税 X4年
欠損金控除前所得	△2,000	500	800	800
欠損金の控除		△500	△800	△700
差引課税所得	△2,000	0	持込み可 0	100
繰越欠損金	△2,000	△1,500	△700	0

（注）繰越欠損金の控除額は、当初は繰越欠損金控除前の所得金額の100％を控除できました。しかし、資本金1億円超の法人その他一定の法人について、その控除額は平成29年度55％、平成30年度以降50％に圧縮されています。

C　子会社の含み損の損金算入

子会社が連結納税の開始直前に保有する一定の資産（時価評価資産）については、原則として、その資産の時価評価を行い、その評価損益の計上を行うことになります。したがって、子会社に一定の含み損がある場合には、その含み損を損金算入することができます。

なお、時価評価される子会社及び資産は、200ページで説明したとおりです。

図表6-7　子会社の含み損の損金算入

【貸借対照表】

資産	負債
	純資産
含み損	

連結納税開始直前の一定の資産の含み損を損出ししたうえで、連結納税を開始する。

D　税額控除の枠の拡大

外国税額控除や試験研究費の税額控除については、連結グループ全体で控除枠を決めます。この控除枠は法人税額の一定割合とされています。したがって、単体での法人税額より連結グループの連結法人税額の方が多い場合には、この控除の上限も引き上げられる場合があります。

③　デメリット

一方、連結納税を選択した場合、単体納税と比べて次のようなデメリットがあります。

A　子会社の繰越欠損金の切捨て

子会社の連結納税開始前10年以内において生じた繰越欠損金（平成30年4月1日以後終了事業年度において生じた欠損金額から適用）については、原則として連結納税グループに持ち込むことはできず、切り捨てられます。

図表6-8　子会社の連結納税開始前の繰越欠損金の切捨て

	単体納税 X1年	単体納税 X2年	連結納税 X3年	連結納税 X4年
欠損金控除前所得	△1,000	500	400	400
欠損金の控除		△500	0	0
差引課税所得	△1,000	0	400	400
繰越欠損金	△1,000	△500	0	0

（連結納税加入時に切捨）

しかし、連結納税の開始時に資産の時価評価の対象外となる、①連結グループ内の会社により設立された会社、②適格株式交換に係る完全子会社、③親会社が長期保有している子会社等、その他一定の要件を満たした子会社（法人税法上、「特定連結子法人」といいます）の繰越欠損金（法人税法上、「特定連結欠損金額」といいます）は、その子会社の所得金額を限度として、利用するこ

とができます。203ページで説明した連結納税開始前に生じた親会社の繰越欠損金は連結納税開始後の親会社だけでなく子会社の所得からも控除できますが、特定連結子法人に該当する子会社の繰越欠損金はその子会社の所得からしか控除できないことに留意ください。

図表6-9 子会社が特定連結子法人である場合の連結納税開始前の繰越欠損金の利用

	単体納税 X1年	単体納税 X2年	連結納税 X3年	連結納税 X4年
欠損金控除前所得	△2,000	500	800	800
欠損金の控除		△500	△800	△700
差引課税所得	△2,000	0	持込み可 0	100
繰越欠損金	△2,000	△1,500	△700	0

連結グループに持ち込めるが、その子会社の所得とのみ通算可能

B 子会社の含み益の益金算入

　含み益は、その利益が実現していないため、原則として課税されません。税務上は、いわゆる儲けが実現したら、その儲けという担税力に対して課税するという考え方のため、実現していない利益は担税力がないと考えられるからです。ところが、連結納税を開始する際には、単体納税という世界から連結納税という別世界へ移行するため、過去の含み損益は清算した上で別世界に移るべきと考えられており、一定の含み益に対して課税されることとなっています。

　したがって、子会社が、連結納税の開始直前に保有する一定の資産（時価評価資産）については、原則として、その資産の時価評価を行い、その評価損益の計上を行うことになります。つまり、子会社に一定の含み益がある場合には、その含み益を益金算入しなければなりません。

　なお、時価評価される子会社及び資産は、200ページで説明したとおりです。

C　交際費の損金不算入

　資本金が1億円以下の会社（親会社の資本金が5億円以上の会社は除きます）は、年間800万円までの交際費であれば、その交際費は全額損金になります。

　しかし、連結納税を選択すると、連結グループ全体で交際費の損金不算入額を計算するため、親会社の資本金によって、この交際費の取扱いが異なることがあります。

　具体的には、親会社の資本金が1億円超5億円未満の場合で、子会社の資本金が1億円以下であるときは、その子会社の交際費は全額損金になりません。つまり、資本金が1億円超である親会社の交際費が全額損金にならないため、連結グループ全体で親会社と同じ計算を行う連結納税制度では、資本金が1億円以下の子会社も交際費が全額損金となりません。

　さらに、親会社と子会社の資本金がそれぞれ1億円以下であっても、連結納税を選択することによるデメリットが生じます。単体納税の場合、個社ごとに交際費の損金不算入の計算を行うため、それぞれの会社で800万円までという枠を使って計算します。つまり、それぞれの会社が年間800万円までの交際費であれば、その交際費の全額が損金になります。ところが、連結納税を選択した場合には、連結グループ全体で交際費の損金不算入の計算を行うため、連結グループ全体の交際費が800万円までであれば、その交際費の全額が損金になります。つまり、800万円という枠は連結グループ全体で1回使うだけということになります。

図表6-10　資本金1億円以下の会社の交際費の損金算入額の比較

（単位：万円）

	単体納税			連結納税
	親会社	子会社	グループ合計	
年間交際費	500	500	1,000	1,000
損金算入額	500	500	1,000	800
損金不算入額	0	0	0	200

具体例を見てみましょう（図表6-10）。親会社、子会社それぞれが年間500万円の交際費を支出したとします。

単体納税の場合、それぞれが800万円の枠を使って計算しますので、500万円が損金になります。グループ全体では1,000万円が損金になります。しかし、連結納税の場合、800万円の枠は連結グループ全体で使いますので、連結グループの交際費合計1,000万円のうち800万円までが損金になり、残りの200万円は損金になりません。

つまり、単体納税であればそれぞれの会社ごとに800万円の枠を利用できるのに対し、連結納税だと連結グループ全体で800万円の枠を1回しか利用できないというデメリットが生じるのです。

なお、資本金1億円超の法人については、交際費のうち飲食費の50％を損金算入し、資本金1億円以下の法人については、飲食費の50％損金算入か800万円までの交際費全額損金算入かのいずれかを選択できることとされています。

D　軽減税率の不適用

通常、法人税率は原則23.2％ですが、資本金が1億円以下の会社（親会社の資本金が5億円以上の会社は除きます）の年間800万円までの所得については、15％に軽減されています。

しかし、連結納税を選択すると、連結グループ全体で法人税額を計算するため、親会社の資本金によって、この法人税率の取扱いが異なることがあります。

具体的には、親会社の資本金が1億円超5億円未満の場合で、子会社の資本金が1億円以下であるときは、その子会社に軽減税率は適用されません。つまり、親会社の資本金が1億円超であるため、連結グループ全体で親会社と同じ法人税率を適用して法人税額を計算することになり、資本金が1億円以下の子会社も軽減税率が適用されません。

さらに、親会社と子会社の資本金がそれぞれ1億円以下であっても、以下のようなデメリットが生じます。単体納税の場合、個社ごとに法人税額の計算を行うため、それぞれの会社で800万円までという軽減税率の枠があります。つ

まり、それぞれの会社が年間800万円までの所得であれば、その部分について軽減税率が適用されます。ところが、連結納税を選択した場合には、連結グループ全体で法人税額の計算を行うため、連結グループ全体の所得金額のうち800万円までについて軽減税率が適用されます。つまり、単体納税であればそれぞれの会社ごとに800万円の枠を利用できるのに対し、連結納税だと連結グループ全体で800万円の枠を1回しか利用できなくなります。

図表6-11 資本金1億円以下の会社の法人税額の比較

(単位:万円)

		単体納税			連結納税
		親会社	子会社	グループ合計	
所得金額		1,000	1,000	2,000	2,000
	800万円以下 (税率15%)	120	120	240	120
	800万円超 (税率23.2%)	46	46	92	278
法人税額		166	166	332	398

(注) 小数点以下四捨五入

E 事務手続の煩雑さ

単体納税の場合には、各社の判断で申告を行っていたのに対し、連結納税を選択した場合には、子会社の申告情報を親会社が取りまとめて連結法人税額を計算し、子会社に帰属する法人税額相当部分をフィードバックする必要があります。したがって、単体納税に比べ、連結納税では事務手続がかなり煩雑になります。

2 当社への適用

① 連結納税開始時点の処理

A 連結納税の範囲

　連結納税の対象範囲は、親会社と、その親会社を頂点とした100％完全支配関係がある日本国内の子会社です。つまり、親会社であるあがたホールディング、100％子会社であるあがた部品、あがた不動産、あがたITの計4社です。タイあがたは、海外子会社であるため連結納税の対象範囲からは外れます。

B 連結納税の有利・不利判定と申請書の提出

　連結納税を選択するに際し、その有利・不利の判定を行いました。

　まずは、連結グループ会社間で損益を通算することによる法人税の圧縮効果があるかどうかです。あがたホールディングが受取配当金の益金不算入により恒常的に欠損金を生じており、それを活用して連結グループ会社間で損益を通算できるため、法人税の圧縮が見込めると判断しました。

　次に、時価評価の対象となる子会社に該当するかどうかについて、確認しなければなりません。子会社のうちあがた部品とあがた不動産は、あがたホールディングに会社分割により設立された100％子会社ですので、時価評価の対象となる子会社には該当しません。しかし、あがたITは、買収したばかりであがたホールディングに長期間保有されていませんので、時価評価の対象となる子会社に該当しますが、財務デューデリジェンスの結果、金銭債権、固定資産に含み損益がなかったので、結果として時価評価しないこととなりました。

　以上より、あがたグループが連結納税を選択するにあたってデメリットを上回るメリットがあると判断し、期限どおりに国税庁長官に申請書を提出しました。

② 連結納税計算

A 親会社の処理

　子会社からの受取配当金は、全額益金不算入とされるため、所得金額の計算上減算します（図表6-12）。

図表6-12 親会社の税務上の処理

(単位：百万円)

税引前当期純利益	0
受取配当金の益金不算入	△100
課税所得	△100

なお、子会社については、特別の税務処理はありません。

B　納税額の算出

連結納税における法人税額の計算は次のとおりとなります（図表6-13）。

(a)　課税所得（単位：百万円）

各社の課税所得を合計します。

　（△100）＋（△20）＋195＋128＝203

(b)　法人税（単位：百万円）

まず、連結グループ全体で連結法人税額を計算します。

　203×30％＝61（四捨五入しています。以下同じ）

次に、この61を、各社の課税所得に応じて配分します。

あがたホールディング：61×△100/203＝△30

あがた部品：61×△20/203＝△6

あがた不動産：61×195/203＝59

あがたIT：61×128/203＝38

図表6-13 あがたグループの連結納税額の計算

(単位:百万円)

		あがた HD	あがた 部品	あがた 不動産	あがた IT	グループ 合計
	税引前当期純利益	0	△20	195	128	303
	税務調整	△100	0	0	0	△100
(a)	課税所得	△100	△20	195	128	203
	法人税等	△30	△6	78	51	93
(b)	(法人税)	△30	△6	59	38	61
	(地方税)	0	0	19	13	32

(注1) 単純化のため、課税所得に対する法人税率を30%、地方税率を10%とし、均等割は考慮していません。また、小数点以下の数値は四捨五入しています。
(注2) あがたホールディング及びあがた部品の過去の繰越欠損金については、連結納税によるグループ間損益の通算の効果を明示したいため、ここでは考慮していません。

C マイナスの法人税

さて、ここであがたホールディングとあがた部品は、マイナスの法人税を計上しています。その意味するところは、あがたホールディングとあがた部品で生じた欠損金をあがた不動産とあがたITで生じた利益から控除したことによる節税効果分です。つまり、もし単体納税であれば、あがたグループから法人税として社外へ流出してしまった税金相当額です。

従来は、この節税できた税金相当額は、あがた不動産とあがたITが、あがたホールディングとあがた部品へ支払わなければならないとされていましたが、平成22年度税制改正以降は、その支払を行うかどうかは任意とされています。

しかし、税法上は、その支払は任意とされているものの、一般的には欠損金が生じた会社は資金繰りが苦しいと考えられるので、その税金相当額の資金を欠損金が生じた会社に支払うことは、プラスの効果があるといえます。

第2部　グループ経営手法

連結納税導入後

1 貸借対照表、損益計算書

連結納税を導入した場合、192ページの財務状況は以下のようになります。太字部分が連結納税導入により変わった部分です。

【あがたグループ連結】　　　　　　　　　　　　　　　（単位：百万円）

連結損益計算書

売上高	10,419
売上原価	7,893
売上総利益	2,526
販管費	2,258
（うち、のれん償却額）	(47)
営業利益	268
支払利息	132
税金等調整前当期純利益	136
法人税等	**95**
当期純利益	**41**

連結貸借対照表

流動資産	**4,062**	流動負債	2,120
固定資産	3,463	固定負債	2,820
（うち、のれん）	(188)	**純資産**	**2,585**
資産計	**7,525**	**負債純資産計**	**7,525**

【あがたホールディング】

損益計算書

売上高	200
（うち、経営指導料）	(100)
（うち、受取配当金）	(100)
売上原価	0
売上総利益	200
販管費	200
営業利益	0
税引前当期純利益	0
法人税等	**△30**
当期純利益	**30**

貸借対照表

流動資産	**100**	流動負債	10
固定資産	2,569	固定負債	10
（うち、関係会社株式）	(2,569)	**純資産**	**2,649**
資産計	**2,669**	**負債純資産計**	**2,669**

第6章 連結納税の導入

【あがた部品】

損益計算書

売上高	6,935
売上原価	5,550
売上総利益	1,385
販管費	1,375
営業利益	10
支払利息	30
税引前当期純利益	△20
法人税等	**△6**
当期純利益	**△14**

貸借対照表

流動資産	**2,362**	流動負債	1,850
固定資産	1,100	固定負債	700
		純資産	912
資産計	**3,462**	**負債純資産計**	**3,462**

【あがた不動産】

損益計算書

売上高	1,080
売上原価	705
売上総利益	375
販管費	130
営業利益	245
支払利息	50
税引前当期純利益	195
法人税等	78
当期純利益	117

貸借対照表

流動資産	670	流動負債	40
固定資産	1,400	固定負債	1,020
		純資産	1,010
資産計	2,070	負債純資産計	2,070

【あがたIT】

損益計算書

売上高	2,800
売上原価	2,128
売上総利益	672
販管費	504
営業利益	168
支払利息	40
税引前当期純利益	128
法人税等	51
当期純利益	77

貸借対照表

流動資産	812	流動負債	270
固定資産	700	固定負債	850
		純資産	392
資産計	1,512	負債純資産計	1,512

【タイあがた】

損益計算書
売上高　　　　　　768
売上原価　　　　　634
売上総利益　　　　134
販管費　　　　　　114
営業利益　　　　　 20
支払利息　　　　　 12
税引前当期純利益　 8
法人税等　　　　　 2
当期純利益　　　　 6

貸借対照表
流動資産　612　流動負債　350
固定資産　 75　固定負債　240
　　　　　　　 純資産　　 97
資産計　　687　負債純資産計　687

2 問題点の解決

　単体納税では、持株会社化前に比べてグループ全体の納税額が増えてしまい、持株会社化はキャッシュ・フロー的にはマイナスに作用していました。連結納税を採用したことにより、あがた部品の業績不振による赤字とあがたホールディングの受取配当金の益金不算入による税務上の欠損金をあがた不動産とあがた IT の黒字と通算することができました。具体的にどのように連結納税選択による税額減少効果が表れたかを検証してみます。

　図表6-14は連結納税適用前の納税状況です。適用前は親会社、子会社単体で納税計算をしていましたから、あがたホールディング、あがた部品の税務上の欠損金は他の会社とは通算されず、単独会社の繰越欠損金として繰り越されています。その結果、黒字の出ているあがた不動産は78百万円、あがたITは51百万円、タイあがたは2百万円、グループトータルで131百万円（法人税99百万円、地方税32百万円）の納税をしていました。

　それに対し図表6-15は連結納税適用後の納税状況です。地方税は連結納税制度の適用がなく、単体納税のままですので変わりません。しかし、法人税は個別会社ごとではなく、国内のあがたグループトータルで納税額を計算します。グループ全体の課税所得はあがた不動産とあがたITの黒字から、あがたホールディングとあがた部品の赤字を控除して、203百万円と計算されます。それに法人税率30％をかけ、タイあがたの2百万円を加えると、グループ全

体の法人税額は63百万円となり、適用前の法人税額99百万円に比べると36百万円の減少になります。この法人税額の減少分は6百万円をあがた部品、30百万円をあがたホールディングが受け取ることになります。

連結納税を適用していなかったら、あがた部品の赤字はあがた部品だけで解消しなければなりませんから、やや拙速であったとしても、緊急の立て直し策が必要かとも考えていたのですが、連結納税の導入でじっくり腰を据えた再建策を取る余裕ができました。また、あがた部品は、法人税額圧縮相当額をキャッシュとして受け取ることができますから、そのキャッシュを会社再建に有効に使うことができるというメリットも生まれました。

連結納税を導入したことにより、持株会社化で別会社にしておきながら、まるで1つの会社で納税しているように節税することができました。その結果、グループ全体で税務戦略を考えながら経営することができるようになりました。

図表6-14 連結納税適用前

(単位:百万円)

	あがたHD	あがた部品	あがた不動産	あがたIT	タイあがた	連結調整	連結
税金等調整前当期純利益	0	△20	195	128	8	△175	136
税務調整	△100	0	0	0	—	—	—
課税所得	△100	△20	195	128	—	—	—
法人税等	0	0	78	51	2	—	131
(法人税)	(0)	(0)	(59)	(38)	(2)	—	(99)
(地方税)	(0)	(0)	(19)	(13)	(0)	—	(32)
当期純利益	0	△20	117	77	6	△175	5
実効税率	—	—	—	—	—	—	96%

(前提) 単純化のため、課税所得に対する法人税率を30%、地方税率を10%とし、均等割は考慮していません。

図表6-15 連結納税適用後

(単位:百万円)

	あがたHD	あがた部品	あがた不動産	あがたIT	タイあがた	連結調整	連結
税金等調整前当期純利益	0	△20	195	128	8	△175	136
税務調整	△100	0	0	0	—	—	—
課税所得	△100	△20	195	128	—	—	—
法人税等	△30	△6	78	51	2	—	95
(法人税)	(△30)	(△6)	(59)	(38)	(2)	—	(63)
(地方税)	(0)	(0)	(19)	(13)	(0)	—	(32)
当期純利益	30	△14	117	77	6	△175	41
実効税率	—	—	—	—	—	—	70%

(前提) 単純化のため、課税所得に対する法人税率を30%、地方税率を10%とし、均等割は考慮していません。

第7章
キャッシュ・マネジメント・システム（CMS）の導入

解決したい問題

subject 7 ・グループ内余剰資金を効率的に使いたい

Q 連結決算、連結納税を導入したことで、とてもスッキリしたグループ体制ができるようになったと思っています。ただ、少し気になるのは資金調達の問題です。不動産賃貸事業は毎月定期的に賃貸料収入があり、資金的に余裕があるのですが、IT事業は成長企業で投資資金が常時必要です。同一会社であれば、不動産賃貸料収入をIT事業に回すというようなことが簡単にできるのですが、法人格が異なっていると、会社間の資金の融通がとても難しくなりました。その結果、不動産賃貸子会社は預金を余らせているのに、IT子会社は資金を銀行からそのつど借り入れているような状況です。

グループ間の資金貸借をよりスムーズに行い、グループ全体としての資金効率を上げる方法はないでしょうか。

あがたホールディング
あがた社長

A CMSの導入によりグループ内で資金を有効活用

グローバルコンサルティング
永野公認会計士

　持株会社化で残される最後の問題はグループ間資金の有効利用です。資金の余る会社から足りない会社に資金を効率的に融通できれば、外部資金にできるだけ頼らずにグループ内で資金繰りを行うことが可能になります。

　それを実行できるシステムがキャッシュ・マネジメント・システム（CMS）です。これは銀行が行っているシステムですから、取引銀行と相談して導入を進めることになります。

　連結決算、連結管理会計、連結納税、CMSを導入することにより、会社組織は別会社としてそれぞれの事業ごとで最大限の成長を図りながら、グループ全体の一体感を保った事業運営体制を構築することができます。

あがたグループの現状

1 組織図

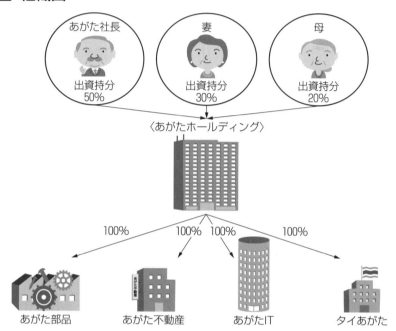

2 財務状況（貸借対照表、損益計算書）

【あがたグループ連結】　　　　　　　　　　　　　　　　（単位：百万円）

連結損益計算書	
売上高	10,419
売上原価	7,893
売上総利益	2,526
販管費	2,258
（うち、のれん償却額）	(47)
営業利益	268
支払利息	132
税金等調整前当期純利益	136
法人税等	95
当期純利益	41

連結貸借対照表			
流動資産	4,062	流動負債	2,120
固定資産	3,463	固定負債	2,820
（うち、のれん）	(188)	純資産	2,585
資産計	7,525	負債純資産計	7,525

【あがたホールディング】

損益計算書

売上高	200
（うち、経営指導料）	(100)
（うち、受取配当金）	(100)
売上原価	0
売上総利益	200
販管費	200
営業利益	0
税引前当期純利益	0
法人税等	△30
当期純利益	30

貸借対照表

流動資産	100	流動負債	10
固定資産	2,569	固定負債	10
(うち、関係会社株式)	(2,569)	純資産	2,649
資産計	2,669	負債純資産計	2,669

【あがた部品】

損益計算書

売上高	6,935
売上原価	5,550
売上総利益	1,385
販管費	1,375
営業利益	10
支払利息	30
税引前当期純利益	△20
法人税等	△6
当期純利益	△14

貸借対照表

流動資産	2,362	流動負債	1,850
固定資産	1,100	固定負債	700
		純資産	912
資産計	3,462	負債純資産計	3,462

【あがた不動産】

損益計算書

売上高	1,080
売上原価	705
売上総利益	375
販管費	130
営業利益	245
支払利息	50
税引前当期純利益	195
法人税等	78
当期純利益	117

貸借対照表

流動資産	670	流動負債	40
固定資産	1,400	固定負債	1,020
		純資産	1,010
資産計	2,070	負債純資産計	2,070

【あがたIT】

損益計算書	
売上高	2,800
売上原価	2,128
売上総利益	672
販管費	504
営業利益	168
支払利息	40
税引前当期純利益	128
法人税等	51
当期純利益	77

貸借対照表			
流動資産	812	流動負債	270
固定資産	700	固定負債	850
		純資産	392
資産計	1,512	負債純資産計	1,512

【タイあがた】

損益計算書	
売上高	768
売上原価	634
売上総利益	134
販管費	114
営業利益	20
支払利息	12
税引前当期純利益	8
法人税等	2
当期純利益	6

貸借対照表			
流動資産	612	流動負債	350
固定資産	75	固定負債	240
		純資産	97
資産計	687	負債純資産計	687

問題点の整理

1 借入過多、支払利息増

　あがたグループでは、現状、不動産賃貸事業のあがた不動産は毎月定期的に賃貸料収入があり、資金的に余裕があるのに対して、IT事業のあがたITでは成長段階にあるため投資資金が常時必要な状況です。また、部品製造事業のあがた部品では売掛金の回収サイトと買掛金の支払サイトに差異があったり、突発的に機械装置の修繕があったりで、資金に余裕があるときと資金が不足するときの波があり、資金予測が難しくなっています。

　同一の会社であれば、不動産賃貸料収入をIT事業に回すということが簡単にできます。しかし、法人格が異なっているため、資金管理は現在各社で行っています。そのため、全社的に見れば借入過多で、支払利息が増えてしまっています。

改善策の検討と実行

上記の問題点を解消するために、キャッシュ・マネジメント・システム（CMS）を導入することにしました。そこで、CMSの内容について説明します。

◼ キャッシュ・マネジメント・システム（CMS）とは

① 概要

キャッシュ・マネジメント・システム（CMS）とは、グループ会社全体の資金を持株会社や財務統括会社が同一銀行内に専用口座を設置し、一元的に管理することにより、グループ各社で生じる資金の過不足を調整し、効率的な資金利用を図るシステムのことをいいます。

日本では2000年から上場会社に対して連結決算が導入され、グループ経営が重視されるようになりました。そのなかで、グループ全体の資金を効率的に運用し、グループ統制を実現するためのツールとして、当初は、主にグループ会社数が非常に多く売上高も1兆円を超える大企業を中心に、CMSの導入が増加しました。最近では、非上場会社でも持株会社化を契機に効率的なグループ経営を目指す会社が増えてきており、売上高数百億円規模の中堅非上場会社がCMSを導入する事例が増加してきています。

図表7-1 CMSの歴史

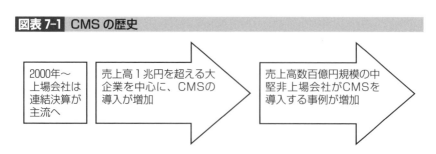

② メリット

　CMSを導入するメリットは、グループ全体の資金管理を集約することによって、資金管理業務の効率化を図ることができるとともに、銀行からの借入金の圧縮や支払手数料の削減などが可能になることです。

　具体的には、グループ各社ごとに資金管理担当者の配置が必要なくなり、資金管理業務の効率化を図ることができます。また、グループ各社で生じる資金の過不足を調整することにより、プールされた資金を設備投資や運転資金が必要な会社に優先的に振り分けることで、そのつどの資金調達が不要になります。その結果、余剰資金と銀行からの借入金が圧縮でき、借入金利を削減することができます。さらに、グループ内の債権・債務を相殺したり、支払業務を一本化することにより、支払手数料を削減することができます。

　連結貸借対照表の総資産を圧縮し、無駄なコストを削減することによって連結損益計算書も改善され、ROAが改善されるという効果をもたらします（図表7-3）。

図表7-2　CMS導入のメリット

①財務機能の集約による省人化
②借入金、支払利息の削減
③グループ内債権・債務の相殺、支払手数料の削減
④ROA等の財務指標の改善

図表7-3 ROA等の財務指標の改善

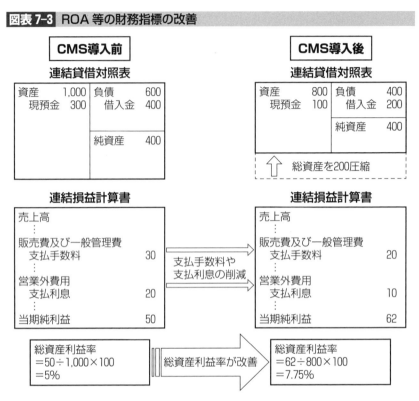

(注) 総資産利益率の分母は通常、前期末総資産と当期末総資産の平均を用いることが多いのですが、上記事例では簡便的に当期末総資産を用いています。

③ 基本的機能

最も基本的な機能はプーリング機能です。プーリング機能とは、持株会社又は財務統括会社にグループ全体の資金を管理する銀行口座を設け、資金が余っている子会社から銀行口座に資金を吸い上げ、資金が不足している子会社に銀行口座から資金を配分することをいいます。銀行との接点は持株会社又は財務統括会社に一本化され、持株会社又は財務統括会社はグループ内銀行としての役割を果たします。

システム導入によりコストはかかりますが、従来なかなか管理できなかった

資金の状況が日次で把握できるようになり、資金の有効利用につなげることができる点で大きなメリットがあります。また、子会社の財務状況がタイムリーに把握でき、リスクマネジメントの面でもメリットがあります。

図表7-4　プーリング機能

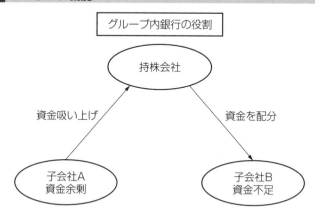

2 当社への適用―CMSシステムの決定―

あがたホールディングでは、グループ全体の資金管理を集約することによって、資金管理業務の効率化を図ることができるとともに、銀行からの借入金の圧縮や支払手数料の削減などが可能になることから、CMSを導入することを取締役会で決定しました。

そこで、どこのCMSシステムを導入するかを決定するに際して、グループ経営会議の下にCMS導入委員会を立ち上げ、議論を行いました。その結果、やはりメイン銀行が最も信頼できる銀行であり、今後も取引を継続していくことが当社にとって最善であるという結論に至り、メイン銀行のCMSシステムを導入することになりました。その際に、最近取引がほとんどなかった銀行や口座を整理し、取扱口座を大幅に減らすことができました。

第2部　グループ経営手法

CMS 導入後

◨ 貸借対照表、損益計算書

CMS を導入した結果、220 ページの財務状況は以下のようになります。太字部分が CMS 導入により変わった部分です。

【あがたグループ連結】
(単位：百万円)

連結損益計算書	
売上高	10,419
売上原価	7,893
売上総利益	2,526
販管費	2,258
（うち、のれん償却額）	(47)
営業利益	268
支払利息	**107**
税金等調整前当期純利益	**161**
法人税等	**105**
当期純利益	**56**

連結貸借対照表			
流動資産	**3,578**	流動負債	2,120
固定資産	3,463	**固定負債**	**2,320**
（うち、のれん）	(188)	**純資産**	**2,601**
資産計	**7,041**	負債純資産計	7,041

【あがたホールディング】

損益計算書	
売上高	200
（うち、経営指導料）	(100)
（うち、受取配当金）	(100)
売上原価	0
売上総利益	200
販管費	200
営業利益	0
税引前当期純利益	0
法人税等	△30
当期純利益	30

貸借対照表			
流動資産	100	流動負債	10
固定資産	2,569	固定負債	10
（うち、関係会社株式）	(2,569)	純資産	2,649
資産計	2,669	負債純資産計	2,669

第 7 章　キャッシュ・マネジメント・システム（CMS）の導入

【あがた部品】

損益計算書

売上高	6,935
売上原価	5,550
売上総利益	1,385
販管費	1,375
営業利益	10
支払利息	**24**
税引前当期純利益	**△14**
法人税等	**△4**
当期純利益	**△10**

貸借対照表

流動資産	2,366	流動負債	2,050
		（うち、CMS借入金）	(200)
固定資産	1,100	固定負債	500
		純資産	916
資産計	3,466	負債純資産計	3,466

【あがた不動産】

損益計算書

売上高	1,080
売上原価	705
売上総利益	375
販管費	130
営業利益	245
受取利息	**10**
支払利息	50
税引前当期純利益	**205**
法人税等	**82**
当期純利益	**123**

貸借対照表

流動資産	676	流動負債	40
（うち、CMS貸付金）	(500)	固定負債	1,020
固定資産	1,400	**純資産**	**1,016**
資産計	2,076	負債純資産計	2,076

【あがたIT】

損益計算書

売上高	2,800
売上原価	2,128
売上総利益	672
販管費	504
営業利益	168
支払利息	**31**
税引前当期純利益	**137**
法人税等	**55**
当期純利益	**82**

貸借対照表

流動資産	817	流動負債	570
固定資産	700	（うち、CMS借入金）	(300)
		固定負債	550
		純資産	397
資産計	1,517	負債純資産計	1,517

【タイあがた】

損益計算書	
売上高	768
売上原価	634
売上総利益	134
販管費	114
営業利益	20
支払利息	12
税引前当期純利益	8
法人税等	2
当期純利益	6

貸借対照表			
流動資産	612	流動負債	350
固定資産	75	固定負債	240
		純資産	97
資産計	687	負債純資産計	687

2 問題点の解決—借入過多、支払利息増—

　持株会社化後は法人格が異なっているため、事業間の資金融通がうまくいっておらず、以前よりも借入金が多くなってしまっており、支払利息等コスト増になっていました。

　今回CMSのプーリング機能を導入した結果、日次ベースで資金の余る会社から足りない会社に資金を効率的に融通できるようになり、外部資金にできるだけ頼らずにグループ内で資金繰りを行うことが可能になりました。

　具体的には、あがた不動産で余剰となっている500百万円をあがた部品に200百万円、あがたITに300百万円貸付けしました。その結果、連結財務諸表の現金預金及び長期借入金が500百万円ずつ減少しました。なお、個別財務諸表でみると、あがた部品とあがたITでは固定負債（長期借入金）がそれぞれ200百万円、300百万円減少する一方、流動負債（CMS借入金）が同額増加しています。貸付側のあがた不動産では現金預金がCMS貸付金に変わるだけですので、流動資産は変わりません。

　また、損益計算書でも、外部からの支払利息は金利が5％であるのに対して、内部の金利は2％で行うこととしたため、連結財務諸表の支払利息が25百万円削減することができました。ただし、支払利息は税金計算上は損金に算入されるため、支払利息削減分の税率部分25百万円×40％＝10百万円だけ税金を

多く払うようになります。したがって、CMS 導入により、連結財務諸表の当期純利益は 15 百万円増加することになりました。

図表7-5 CMS による削減効果
①貸借対照表

(単位:百万円)

	CMS 導入前			
	現金預金	短期貸付金	短期借入金	長期借入金
あがた HD	50	-	-	-
あがた部品	400	-	-	600
あがた不動産	640	-	-	1,000
あがた IT	250	-	-	800
タイあがた	40	-	-	240
単純合算合計	1,380	-	-	2,640
連結調整	-	-	-	-
連結計	1,380	-	-	2,640

CMS 導入

(単位:百万円)

	CMS 導入後			
	現金預金	短期貸付金	短期借入金	長期借入金
あがた HD	50	-	-	-
あがた部品	400	-	200	400
あがた不動産	140	500	-	1,000
あがた IT	250	-	300	500
タイあがた	40	-	-	240
単純合算合計	880	500	500	2,140
連結調整	-	△500	△500	-
連結計	880	-	-	2,140

②損益計算書

(単位:百万円)

	CMS導入前			
	受取利息	支払利息(外部)	支払利息(内部)	支払利息計
あがたHD	-	-	-	-
あがた部品	-	30	-	30
あがた不動産	-	50	-	50
あがたIT	-	40	-	40
タイあがた	-	12	-	12
単純合算合計	-	132	-	132
連結調整	-	-	-	-
連結計	-	132	-	132

CMS導入

(単位:百万円)

	CMS導入後			
	受取利息	支払利息(外部)	支払利息(内部)	支払利息計
あがたHD	-	-	-	-
あがた部品	-	20	4	24
あがた不動産	10	50	-	50
あがたIT	-	25	6	31
タイあがた	-	12	-	12
単純合算合計	10	107	10	117
連結調整	△10	-	△10	△10
連結計	-	107	-	107

第8章

子会社の売却

解決したい問題

subject 8 ・重点部門に経営資源を集中したい

あがたホールディング
あがた社長

Q 現在、あがたグループはあがた不動産、あがた部品、あがたIT、タイあがたの4社体制で構成されています。4社の経営陣、従業員とも頑張っていて、それなりの成績を残してくれていると思っています。ただ、当社程度の規模で事業の間口を広げすぎるのは人的にも資金的にも問題があるのではないかと感じていることも事実です。

　私としては、創業事業である部品製造事業を強化して競争力を高めたいと考えています。その一環として事業拡大のため、15億円ほどの設備投資をしたいと思います。銀行から借り入れることも不可能でありませんが、15億円全額借入金で調達すると、財務バランスがかなり悪くなってしまいます。借入金をできるだけ抑えながら、資金調達できる方法はないでしょうか。

第8章 子会社の売却

子会社売却により経営資源を集中

　経営資源には限りがあります。有限な経営資源をどの分野に振り向けるのかを決めるのも経営者が行うべき重要な経営判断です。

　非上場企業にとって、銀行借入は重要な資金調達方法です。ただ、それだけに頼っていると、財務体質の悪化を招くことになりかねません。いくつかの事業を経営する企業にとっては事業売却も有力な資金調達方法となります。特に当社のように持株会社制度を採用している企業では、事業部門が会社ごとに独立しているので、売却しやすい組織体制になっているといえます。今回は大規模な資金調達であることに加え、社長自身も事業の間口を広げすぎだと考えているようですから、子会社を売却することを考えたらどうでしょうか。

　そこで、どの子会社を売却するかですが、不動産会社であるあがた不動産がいいと思います。というのは、あがた部品は当社グループの中核であり、はずすことができません。また、あがたITとタイあがたは部品製造事業と関連していますから、一体として経営した方がいい事業だと思います。一方、あがた不動産だけは事業体質が異質であり、他の事業とは異なる経営能力が必要だともいえ、グループから外してもいいかなと思います。また、不動産事業の将来性ということから考えても、不動産専門の業者に任せた方が、事業の成長が見込めると思います。

　そこで、あがた不動産の売却を考えてみたらどうでしょうか。

あがたグループの現状

1 組織図

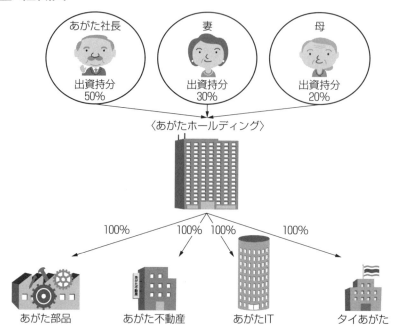

2 財務状況（貸借対照表、損益計算書）

（注1） 第7章のCMS導入後数年経過したという前提ですので、第7章から数値は連続していません。

（注2） この財務状況はあがた不動産を売却する前の期末時点の状況です。あがた不動産の売却は、この財務状況に基づいて、期末時点で行います。

第8章 子会社の売却

【あがたグループ連結】　　　　　　　　　　　　　　　　　　（単位：百万円）

連結損益計算書	
売上高	11,050
売上原価	8,357
売上総利益	2,693
販管費	2,447
（うち、のれん償却額）	(47)
営業利益	246
支払利息	113
税金等調整前当期純利益	133
法人税等	80
当期純利益	53

連結貸借対照表			
流動資産	4,770	流動負債	2,550
固定資産	3,490	固定負債	2,565
（うち、のれん）	(—)	純資産	3,145
資産計	8,260	負債純資産計	8,260

【あがたホールディング】

損益計算書	
売上高	300
（うち、経営指導料）	(150)
（うち、受取配当金）	(150)
売上原価	0
売上総利益	300
販管費	250
営業利益	50
受取利息	20
支払利息	40
税引前当期純利益	30
法人税等	△30
当期純利益	60

貸借対照表			
流動資産	1,200	流動負債	50
固定資産	2,569	固定負債	850
（うち、関係会社株式）	(2,569)	純資産	2,869
資産計	3,769	負債純資産計	3,769

【あがた部品】

損益計算書	
売上高	7,500
売上原価	6,000
売上総利益	1,500
販管費	1,425
営業利益	75
支払利息	20
税引前当期純利益	55
法人税等	19
当期純利益	36

貸借対照表			
流動資産	2,760	流動負債	2,600
固定資産	1,200	固定負債	350
		純資産	1,010
資産計	3,960	負債純資産計	3,960

【あがた不動産】

損益計算書	
売上高	1,000
売上原価	750
売上総利益	250
販管費	180
営業利益	70
受取利息	6
支払利息	38
税引前当期純利益	38
法人税等	13
当期純利益	25

貸借対照表			
流動資産	590	流動負債	50
固定資産	1,400	固定負債	785
		純資産	1,155
資産計	1,990	負債純資産計	1,990

【あがたIT】

損益計算書	
売上高	3,150
売上原価	2,362
売上総利益	788
販管費	550
営業利益	238
支払利息	27
税引前当期純利益	211
法人税等	74
当期純利益	137

貸借対照表			
流動資産	1,130	流動負債	950
固定資産	800	固定負債	380
		純資産	600
資産計	1,930	負債純資産計	1,930

【タイあがた】

損益計算書	
売上高	900
売上原価	720
売上総利益	180
販管費	150
営業利益	30
支払利息	14
税引前当期純利益	16
法人税等	4
当期純利益	12

貸借対照表			
流動資産	1,010	流動負債	700
固定資産	90	固定負債	200
		純資産	200
資産計	1,100	負債純資産計	1,100

問題点の整理

❶ 経営資源の分散

　事業リスクを低減すること及び多角的に企業の成長を図るという意味で、複数の事業を手掛けるのは有効な経営戦略です。ただ、余りに事業を多角化させすぎると、経営資源が分散され、経営の効率性が阻害されるというデメリットもあります。

　経営資源の主たるものは人的、資金的資源ですが、非上場の中堅、中小企業は大企業に比べて、経営資源が少ないことも事実です。それだけに、中堅、中小企業はリスク分散と経営資源の配分のバランスに留意しなければなりません。

　そうしたことから、複数事業を経営する企業はある特定の事業を売却するということも頭に入れておく必要があります。その点、事業を会社ごとに独立した持株会社にしておけば、子会社株式を売却すればいいですから、事業売却は容易にできます。

❷ 資金調達

　非上場会社の場合、銀行借入が主要な資金調達手段になりますが、大規模な投資を行う場合、その所要資金を銀行借入のみに頼ると、負債が増加して、財務体質が悪化してしまいます。事業（子会社）売却は、資産売却と並んで資金調達の一手段として位置づけられます。

❸ 売却益の捻出

　手掛けた事業はずっと最後まで経営しなければならないというものではありません。創業し、ある程度まで育成し、魅力ある事業に育てて、高値で売却して、事業売却益を手にするというのも有力な経営戦略です。今回のケースでは、事業売却益目的での売却ではありませんが、会社が不振に陥った時に、リストラの一環として売却益を目的として、事業（子会社）売却することもあり

ます。

4 株式売却割合

　子会社株式を売却するとき、売却する株式の割合を決めなければなりません。売却割合は先述した必要とする資金調達額、売却損益、売却する事業に対する今後の経営への関与意欲などを勘案して決定します。

　100％売却して、完全に経営から手を引くこともできますし、ある程度の株式を残して、経営権を残すことも可能です。経営権を残すとしたら、50％以上の株式を確保して、経営の主導権を取るのか、あるいは逆に50％以上の株式を売却して、非支配株主として経営権を残すかの選択をしなければなりません。

改善策の検討と実行

あがた部品の設備投資資金捻出と経営資源の集中を図るため、不動産子会社であるあがた不動産株式を売却することにしました。

1 売却先の決定

事業の売却先は、売却しようとする子会社の株式を最も高値で買い取ってくれる先にするのが普通です。ただ、売却先の決定は高値売却が最優先事項であることは事実ですが、単純な経済合理性だけが判断基準ではありません。子会社売却は子会社で働く従業員も一体として移ることになるので、移転する従業員の働きやすい環境の確保や、会社の成長期待の高さ、短期で売却するようなことがないかなど、総合的に考えて売却先を決定します。

今回の売却先はかねてから取引銀行を通じて打診があり、堅実な経営手法で知られる都内の不動産会社に決定しました。売却する株式の割合は今回の必要資金調達額から判断して100％売却することにしました。

2 売却金額の決定

まず、株式の売却金額を決定しなければなりません。株式の売買金額は他の一般商品と同様に需要と供給の原則で決まります。したがって、株式の売主と買主双方が同意すれば、その金額で決まります。しかし、何らかの目安がなければ、売主と買主の交渉ができません。

上場企業であれば、上場されている株式の価格（株価）が価格交渉の重要な判断材料となりますが、非上場企業は株式を上場していませんので、別途判断材料を計算しなければなりません。

非上場会社の事業価値（事業価値に基づいて株主価値は決まります）評価方法として最も一般的な方法は、事業から生み出す将来キャッシュ・フローを計算する第2章（54ページ）で説明したDCF法です。

今回、DCF法で評価した金額をベースに交渉した結果、あがた不動産の株式売却価格は12億円（現金での受け取り）で決定しました。

3 CMSによるグループ間貸付・借入金の整理

第7章において、CMSの導入に伴い、資金に余裕のあるあがた不動産は資金が不足するあがた部品に200百万円、あがたITに300百万円、計500百万円のグループ間貸し付けを行いました。

現時点では、あがたホールディングが1,000百万円、あがた不動産が300百万円を、資金が不足するあがた部品に500百万円、あがたITに600百万円、タイあがたに200百万円貸し付けている状況です。

今回の株式売却によりあがた不動産があがたグループより外れることから、グループ間の資金貸借を清算しなければなりません。そこで、親会社であるあがたホールディングは今回の株式売却により、株式売却代金を獲得するので、その資金の一部を使いあがた不動産が貸し付けていたグループ間貸付金300百万円を肩代わりすることにしました。

4 会計処理

① あがたホールディング単体

あがた不動産株式を所有しているのはあがたホールディングですから、あがたホールディングでは株式売却に伴い、次の仕訳が起きます。

（単位：百万円）

（借）現　金　預　金	1,200	（貸）関 係 会 社 株 式	993
		株 式 売 却 益	207

あがたホールディング単体では、あがた不動産の株式の簿価は会社分割時点の993百万円で変わりませんから、株式売却益は207百万円となります。

また、親会社であるあがたホールディングはここで獲得した資金の一部を使い、あがた不動産が他の子会社に貸し付けていた貸付金300百万円を以下のと

おり肩代わりしました。

(単位:百万円)

| (借)貸　付　金 | 300 | (貸)現　金　預　金 | 300 |

② あがたグループ連結

あがたホールディング単体の株式売却益は上記のとおりになりますが、あがたグループの連結になると変わります。なぜなら、連結決算ではあがた不動産の事業で生み出した利益を決算の都度、連結に取り込み、連結上のあがた不動産の株式簿価は上昇しているからです。

このことを示しているのが図表8-1です。あがたホールディングの単体決算上、あがた不動産株式は993百万円で計上されたままであり、あがた不動産がいくら利益を計上しても、あるいは配当を出したとしても関係会社株式の簿価に変わりありません。

あがた不動産は会社分割により設立したことから、設立時点の連結決算上

図表8-1　単体上と連結上の売却益

(単位:百万円)

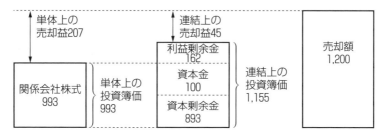

-243-

は、親会社の関係会社株式（投資額）簿価と子会社の純資産は993百万円で一致しています。しかし、売却時はあがた不動産が計上した利益により純資産が162百万円積み上がり、連結上のあがた不動産の株式簿価が増えています（実務上は、のれんや非支配株主持分、外貨換算等の取扱いにより連結上の株式簿価の計算は複雑となりますが、簡略化のためここでは捨象しています）。

このため、連結決算上は以下の仕訳を計上し、単体上の株式売却益を修正します。

(単位：百万円)

(借) 株 式 売 却 益	162	(貸) 利 益 剰 余 金	162

つまり、優良子会社を高値で売却して単体で多額の売却益を計上したとしても、連結決算上は過去に子会社が蓄積した利益はすでに取り込んでいるので、思ったほど売却益が計上されないことになります。

5 税務処理

単体納税を採用している企業であれば、あがた不動産の株式を所有しているのはあがたホールディングであり、あがたホールディングで株式売却価格と株式簿価との差額である売却益を計算したうえで納税計算をします。しかし、あがたグループはあがたホールディングを親会社とする連結納税制度を採用していますから、税務計算の方法が異なります。

次の具体例を用いて、ご紹介します。

① 設例

X1年における親会社が保有する子会社株式の帳簿価額が10,000、子会社の純資産が10,000とします。翌X2年に、子会社が20,000の利益を計上するとその純資産は30,000となります。このとき、親会社が子会社株式を純資産価額相当額の30,000で譲渡すると、その30,000（譲渡価額）－10,000（帳簿価額）＝20,000の譲渡益が計上されます。

【会計上の仕訳】

（借）現 金 預 金	30,000	（貸）子 会 社 株 式	10,000
		子会社株式売却益	20,000

　しかし、子会社のX2年における利益20,000は、すでに連結納税の枠組みの中で課税されていますので、さらにこの子会社株式売却益に対して課税すると、連結グループ全体では、20,000の利益に対して二重に課税されてしまうこととなります。

　そこで、こうした二重課税を防ぐために、親会社が保有する子会社株式の帳簿価額を、子会社の獲得した利益相当額だけかさ上げします。つまり、子会社株式の帳簿価額を、税務上は30,000とします。その結果、30,000（譲渡価額）－30,000（税務上の帳簿価額）＝0となり、再び課税されることはなくなります。

【税務上の修正仕訳】

（借）子会社株式売却益	20,000	（貸）子 会 社 株 式	20,000

図表8-2　連結納税制度における投資簿価修正

X1年

親会社

親会社が保有する子会社株式
| 会計簿価 | 10,000 |
| 税務簿価 | 10,000 |

子会社

子会社の貸借対照表の純資産
| 簿価純資産 | 10,000 |

X2年に20,000の利益

X2年

親会社

親会社が保有する子会社株式
| 会計簿価 | 10,000 |
| 税務簿価 | 30,000 |

子会社の利益相当額だけ、税務上の簿価がかさ上げされる。

子会社

子会社の貸借対照表の純資産
| 簿価純資産 | 30,000 |

② 当社への適用

A　親会社の処理

あがたグループの連結納税計算上必要となる親会社あがたホールディングにおける税務上の修正は以下の2点になります。

（a）投資簿価修正

【会計上の株式売却仕訳】

（単位：百万円）

（借）現　金　預　金	1,200	（貸）関 係 会 社 株 式	993
		株　式　売　却　益	207

【税務上の株式売却仕訳】

（借）現　金　預　金	1,200	（貸）関 係 会 社 株 式	1,155(※1)
		株　式　売　却　益	45(※2)

※1　993百万円＋162百万円＝1,155百万円
※2　207百万円－162百万円＝45百万円

税額計算をする際、あがた不動産株式の簿価のかさ上げ分である162百万円（前述の会計処理の項で説明したあがた不動産がこれまで積み上げた利益剰余金）を所得金額からマイナスします。

（b）子会社からの受取配当金の修正

このほか、子会社からの受取配当金150百万円は、全額益金不算入とされるため、所得金額から減算します。

その結果、親会社における税務上の処理は図表8-3のようになります。

図表8-3　親会社の税務上の処理

（単位：百万円）

税引前当期純利益（※1）	237	
投資簿価修正	△162	税務調整合計　△312
受取配当金の益金不算入	△150	
課税所得金額	△75	

※1　株式売却前の税引前当期純利益30百万円＋株式売却益207百万円＝237百万円

なお、子会社については、特別の税務処理はありません。

B　納税額の算出

連結納税における法人税額の計算は次のとおりとなります。

図表8-4　あがたグループ（国内）の連結納税額の計算（株式売却後）

（単位：百万円）

		あがたHD	あがた部品	あがたIT	グループ合計
	税引前当期純利益	237	55	211	503
	税務調整	△312			△312
(a)	課税所得	△75	55	211	191
	法人税等	△19	19	74	74
(b)	（法人税）	△19	14	53	48
	（地方税）	—	5	21	26

（注1）タイあがたを除く連結納税の対象となる国内のあがたグループを集計しています。
（注2）単純化のため、課税所得に対する法人税率を25％、地方税率を10％とし、均等割は考慮していません。また、小数点以下の数値は四捨五入しています。
（注3）あがた不動産は売却日の前日にみなし事業年度を設けて、あがたグループの連結納税から離脱し、単体で税金の申告を行うので、上表には含めていません。

（a）課税所得（単位：百万円）

各社の課税所得を合計します。

　（△75）＋55＋211＝191

（b）法人税（単位：百万円）

まず、連結グループ全体で連結法人税額を計算します。

191×25％＝48（四捨五入しています。以下同じ）

次に、この48を、各社の課税所得に応じて配分します。

あがたホールディング：48×△75/191＝△19

あがた部品：48×55/191＝14

あがたIT：48×211/191＝53

C 株式売却前の納税額との比較

あがた不動産株式売却前の連結納税における法人税額の計算は次のとおりとなります。

図表8-5 あがたグループ（国内）の連結納税額の計算（株式売却前）

（単位：百万円）

		あがたHD	あがた部品	あがた不動産	あがたIT	グループ合計
	税引前当期純利益	30	55	38	211	334
	税務調整	△150				△150
(a)	課税所得	△120	55	38	211	184
	法人税等	△30	19	13	74	76
(b)	（法人税）	△30	14	9	53	46
	（地方税）	―	5	4	21	30

(注1) タイあがたを除く連結納税の対象となる国内のあがたグループを集計しています。
(注2) 単純化のため、課税所得に対する法人税率を25％、地方税率を10％とし、均等割は考慮していません。また、小数点以下の数値は四捨五入しています。

（a）課税所得（単位：百万円）

各社の課税所得を合計します。

　（△120）＋55＋38＋211＝184

（b）法人税（単位：百万円）

まず、連結グループ全体で連結法人税額を計算します。

184×25％＝46（四捨五入しています。以下同じ）

次に、この46を、各社の課税所得に応じて配分します。

あがたホールディング：46×△120/184＝△30

あがた部品：46×55/184＝14

あがた不動産：46×38/184＝9

あがたIT：46×211/184＝53

したがって、子会社株式売却による税金に対する影響は図表8-6のとおり、11百万円となります。

図表8-6　子会社株式売却による税金に対する影響

(単位：百万円)

	あがたHD	あがた部品	あがたIT	グループ合計
法人税等（売却後）①	△19	19	74	74
法人税等（売却前）②	△30	19	74	63
増減（①-②）	11	0	0	11

第2部　グループ経営手法

子会社株式売却後

1 組織図

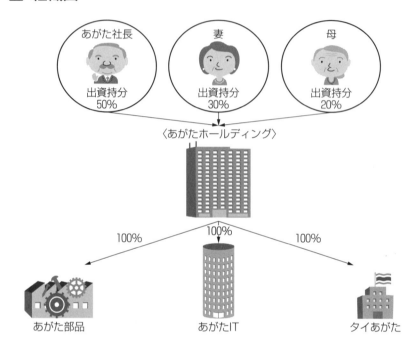

2 貸借対照表、損益計算書

　子会社株式を売却した結果、237ページの財務状況は以下のようになります。太字部分が子会社株式売却により変わった部分です。

第8章 子会社の売却

(単位：百万円)

【あがたグループ連結】

連結損益計算書

売上高	11,050
売上原価	8,357
売上総利益	2,693
販管費	2,447
（うち、のれん償却額）	(47)
営業利益	246
支払利息	113
経常利益	133
株式売却益	45
税金等調整前当期純利益	178
法人税等	91
当期純利益	87

連結貸借対照表

流動資産	5,369	流動負債	2,500
固定資産	2,090	固定負債	1,780
（うち、のれん）	(―)	純資産	3,179
資産計	7,459	負債純資産計	7,459

【あがたホールディング】

損益計算書

売上高	300
（うち、経営指導料）	(150)
（うち、受取配当金）	(150)
売上原価	0
売上総利益	300
販管費	250
営業利益	50
受取利息	20
支払利息	40
経常利益	30
株式売却益	207
税引前当期純利益	237
法人税等	△19
当期純利益	256

貸借対照表

流動資産	2,389	流動負債	50
固定資産	1,576	固定負債	850
（うち、関係会社株式）	(1,576)	純資産	3,065
資産計	3,965	負債純資産計	3,965

【あがた部品】

損益計算書

売上高	7,500
売上原価	6,000
売上総利益	1,500
販管費	1,425
営業利益	75
支払利息	20
税引前当期純利益	55
法人税等	19
当期純利益	36

貸借対照表

流動資産	2,760	流動負債	2,600
固定資産	1,200	固定負債	350
		純資産	1,010
資産計	3,960	負債純資産計	3,960

【あがた不動産】

損益計算書	
売上高	1,000
売上原価	750
売上総利益	250
販管費	180
営業利益	70
受取利息	6
支払利息	38
税引前当期純利益	38
法人税等	13
当期純利益	25

【あがたIT】

損益計算書	
売上高	3,150
売上原価	2,362
売上総利益	788
販管費	550
営業利益	238
支払利息	27
税引前当期純利益	211
法人税等	**74**
当期純利益	**137**

貸借対照表			
流動資産	1,130	流動負債	950
固定資産	800	固定負債	380
		純資産	600
資産計	1,930	負債純資産計	1,930

【タイあがた】

損益計算書	
売上高	900
売上原価	720
売上総利益	180
販管費	150
営業利益	30
支払利息	14
税引前当期純利益	16
法人税等	4
当期純利益	12

貸借対照表			
流動資産	1,010	流動負債	700
固定資産	90	固定負債	200
		純資産	200
資産計	1,100	負債純資産計	1,100

第8章 子会社の売却

あがた不動産は期末における売却のため、期末時点における組織図には含まれていません。したがって連結貸借対照表からは除かれますが、期中の損益には貢献していますので、連結損益計算書には含まれます。子会社株式売却によるあがたグループ連結への影響は図表8-7のとおりです。

図表8-7 子会社株式売却によるあがたグループ連結への影響

(単位：百万円)

	子会社株式売却前	子会社株式売却金額	あがた不動産売却連結簿価（資産負債消去）	子会社株式売却による税金影響	子会社株式売却後
〈連結貸借対照表〉					
流動資産	4,770	1,200	△590	△11	5,369
固定資産	3,490	—	△1,400	—	2,090
資産計	8,260		△790	△11	7,459
流動負債	2,550	—	△50	—	2,500
固定負債	2,565	—	△785	—	1,780
純資産	3,145		45	△11	3,179
負債純資産計	8,260		△790	△11	7,459
〈連結損益計算書〉					
売上高	11,050				11,050
売上原価	8,357				8,357
売上総利益	2,693				2,693
販管費	2,447				2,447
営業利益	246		—	—	246
支払利息	113		—	—	113
株式売却益	—		45	—	45
税金等調整前当期純利益	133		45	—	178
法人税等	80		—	11	91
当期純利益	53		45	△11	87

また、子会社株式売却によるあがたホールディングへの影響は図表8-8のとおりです。

図表 8-8　子会社株式売却によるあがたホールディングへの影響

(単位：百万円)

	子会社株式売却前	子会社株式売却金額	子会社株式売却による税金影響	子会社株式売却後
〈貸借対照表〉				
流動資産	1,200	1,200	△11	2,389
固定資産（関係会社株式）	2,569	△993	—	1,576
資産計	3,769	207	△11	3,965
流動負債	50	—	—	50
固定負債	850	—	—	850
純資産	2,869	207	△11	3,065
負債純資産計	3,769	207	△11	3,965
〈損益計算書〉				
売上高	300	—	—	300
売上原価	0	—	—	0
売上総利益	300	—	—	300
販管費	250	—	—	250
営業利益	50	—	—	50
受取利息	20	—	—	20
支払利息	40	—	—	40
株式売却益	—	207	—	207
税引前当期純利益	30	207	—	237
法人税等	△30	—	11	△19
当期純利益	60	207	△11	256

3　問題点の解決

　これまで、当社は事業としてはやや異質な不動産事業を抱えていましたが、今回の不動産子会社の売却により、あがたグループは部品製造事業に専念できる体制が整いました。また、子会社株式の売却により12億円のキャッシュを手にし、そのキャッシュをあがた部品の設備投資に有効に活用することができます。

第9章
移転価格税制

解決したい問題

subject 9 ・海外子会社との取引において課税上のリスクをできるだけ排除したい

Q 第8章で子会社を売却したので、現在あがたグループは持株会社であるあがたホールディングの傘下にあがた部品、あがたIT、タイあがたの3子会社を持つ体制になりました。

近年、海外子会社であるタイあがたの重要性が増し、あがた部品との取引が多くなってきました。これまで、タイあがたとあがた部品の取引における価格設定について、国内取引の延長線上でやってきました。しかし、最近、新聞紙上等で「移転価格税制で追徴課税」というニュースをよく目にするようになり、我がグループにもそうした課税リスクがあるのか少し心配になってきました。

そこで、海外子会社の取引に関連する移転価格税制の注意点について、教えてください。

あがたホールディング
あがた社長

第9章 移転価格税制

グローバルコンサルティング
永野公認会計士

　近年、グローバル化が進展し、日本企業の国際展開も増えてきています。その結果、企業グループもグローバルな広がりを見せています。企業は海外を含めたグループ全体での利益極大化を考えますので、各国の税率を踏まえ、企業にとって最も有利な取引関係を構築しようとします。それは企業努力として当然なのですが、税務当局としてみれば、企業側の恣意的な取引関係の構築で本来自分の国で徴収できるはずであった税金が取り漏れるようなことがあれば、見過ごすことができません。そこで出てきたのが移転価格税制です。

　前述したように、グローバル化の進展で該当取引が増えてきたことから、近年税務当局は移転価格税制の適用にとても前向きです。もし、移転価格税制が適用されると、多額の税金が徴収されることになりかねませんので、海外展開をしようとする企業にとっては、移転価格税制は必須の知識となっています。

　本章でその概要を説明しますので、課税上のリスクを避けるように対策を立ててください。

第2部　グループ経営手法

あがたグループの現状

1 組織図

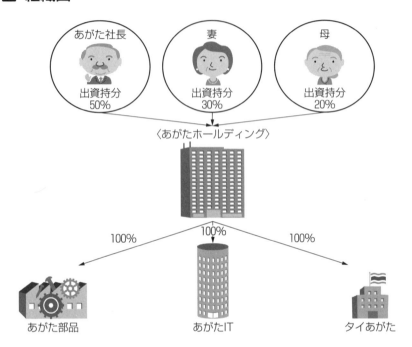

問題点の整理

❶ 子会社間の取引価格の設定

　国内子会社であるあがた部品と海外子会社のタイあがたとの間には部品の売買取引関係があります。グループ全体として、税額はできるだけ抑える方策を取るのは当然です。ただ、それにより移転価格税制が適用されたのではかえって逆効果です。したがって、移転価格税制が適用されないように子会社間の取引価格を設定することの対策を取りたいと思っています。

❷ 親会社であるあがたホールディングとの取引

　親会社は持株会社であり、直接的に事業にはタッチしていませんが、タイあがたの企画には関与しています。その対価として経営指導料の授受がありますが、移転価格税制上、妥当な金額かどうかの検証が課題です。

（＊）　あがたグループではあがた部品とタイあがたの兄弟会社間の移転価格税制の取り扱いがメインですが、より一般的に理解しやすくするために、以下では親子会社の移転価格税制について説明しています。基本的な構造は親子会社も、兄弟会社も変わりありません。

改善策の検討と実行

1 移転価格税制とは

　海外子会社と取引する場合において、その取引価格をいくらに設定するかという値決めの問題があります。その際に、例えば、海外子会社に多額の費用負担をかけられないため、親会社が海外子会社への原材料等の販売価格を低く設定したり、逆に親会社が海外子会社から製品を高く購入したりして、海外子会社に一定の利益を留保させようとすることが考えられます。また、連結グループ全体で税引後利益を最大化するために税負担を軽減しようと、税率の低い海外子会社でなるべく利益を出すように価格設定をするということも考えられます。

　民間企業が取引価格を自由に決めることは何ら問題ないのでしょうが、税務当局から見ると、日本企業が本来得べかりし利益が海外子会社へ移転してしまっているとなると、国に納付されるべき税額が減少してしまうため、これは看過できない事態となります。

　そこで、先述したような価格設定は資本関係が強い海外子会社だからこそできうることなので、50％以上の資本関係がある海外子会社等（以下「国外関連者」といいます）との取引については、資本関係のない独立した第三者と取引する際に用いる価格（これを「独立企業間価格」といいます）によって取引したものとみなして所得計算を行い課税する制度が設けられています。これを「移転価格税制」といい、その本質は国家間の課税の適正な調整であるといわれています。

　図表9-1の具体例を用いて、説明します。

　図表9-1の上段は、独立企業間価格が200である場合に、国外関連者に120で製品を販売したケースを想定したものです。ここで、日本の法人税の実効税率を30％、海外の法人税の実効税率を20％とします。この場合に、実際の取引金額に基づく税額は、図表9-2のとおり、日本で6、海外で36、合計42と

図表 9-1　移転価格税制の具体例

仕入先 →(100 仕入)→ 親会社（日本） →(120 販売)→ 国外関連者（海外） →(300 販売)→ 顧客

親会社（日本） →(200 販売)→ 独立した第三者（海外） →(300 販売)→ 顧客

図表 9-2　実際の取引金額に基づく利益と税額

	親会社（日本）	海外子会社
所得	120 − 100 = 20	300 − 120 = 180
税額	20 × 30％ = 6	180 × 20％ = 36

図表 9-3　移転価格税制適用後

	親会社（日本）	海外子会社
所得	20 +（200 − 120）= 100	300 − 120 = 180
税額	100 × 30％ = 30	180 × 20％ = 36

なります。

　ここで、移転価格税制が適用されると、資本関係のない独立した第三者と取引する際に用いる価格で取引したものとみなされます。すなわち、親会社は独立企業間価格である200で販売したものとみなして所得計算しなければなりませんので、100に対して課税されることとなります。その結果は図表9-3のとおりで、税額は日本で30、海外で36、合計66となります。

　このように移転価格税制が適用されると、日本親会社の実際の所得は20であるにもかかわらず、独立企業間価格により所得計算が行われ、24（= 30 − 6）の税額が追徴されることとなります。このことを俯瞰してみると、親会社は実際に海外子会社から販売対価として得ていない部分80（= 200 − 120）につい

て、その対価を得たものとして日本で課税されており、さらに海外子会社では実際の仕入額120と販売額300との差額である180に対して課税が行われています。すなわち、連結全体でみると、100で仕入れて300で販売しているので200に対して課税されるべきところ、280（＝100＋180）に対して課税されていることとなり、80に対して国際的二重課税が生じてしまいます。

　こうして生じた国際的二重課税は、日本と相手国との間の相互協議により回避する方法もありますが、必ずしも相手国が応じてくれるわけではないことから、回避することは容易ではありません。さらに、移転価格税制の適用に際しては、所得を海外子会社に移転しようとする意図があったかどうかは問われず、所得が移転している蓋然性があれば適用されてしまいます。したがって、マネジメント層は、移転価格税制が適用されないよう、この制度を正しく理解するとともに、次に述べる対応策を講じておくことが望まれます。

❷ 移転価格リスクへの対応策

　税務当局では国際税務担当者を増員してきており、それに連動するように移転価格税制に対する税務調査も増加傾向にあります。また、一般の税務調査の対象期間は最長5年とされているところ、移転価格の税務調査は最長6年とされており申告漏れ所得金額は多額に上ることもありますので、十分な対策を講じておかなければなりません。

　近年では、中堅企業も移転価格の税務調査の対象となりつつありますので、リスクマネジメントの観点からも対策を講じておく必要があるといえます。その対策とは、「移転価格ポリシーの策定」とその「文書化」です。

①　移転価格ポリシーの策定

　移転価格ポリシーとは、移転価格の算定に関して、算定方法、取引単位、移転価格の見直し時期等を、取引の種類ごとに定めたグループ内の基本方針のことです。

　まず、取引の種類とは、棚卸資産取引、役務提供取引、無形資産取引、金融

取引等のことです。これらは必要に応じて細分化し、あるいは、種類が異なる取引でも相互に関連性が高い取引であれば１つの取引として基本方針を策定します。

次に、移転価格の算定には、「機能」と「リスク」が大事な要素となります。具体的には、自社が行っている海外子会社との取引を研究開発、販売、管理等のように機能別に区分し、日本親会社と海外子会社のうちどちらがより多くの機能を担っているかを比較検討します。同様に、リスクについても研究開発、在庫、為替等のように区分し、日本親会社と海外子会社のうちどちらがより多くのリスクを負っているかを比較検討します。そして、より多くの機能を担っている方がより多くの利益を獲得すべきですし、より多くのリスクを負っている方がより多くの利益を獲得すべきです。したがって、親会社と海外子会社は、それぞれどういう「機能」を担っているのか、「リスク」をどの程度負担しているのかということを把握したうえで、適切な利益を獲得できるよう価格設定する必要があります。

さらに、独立企業間価格の算定方法は、図表9-4のとおり定められており、これらの算定方法のうち最も適切な算定方法を決定します。これは、会社の設定した価格が独立企業間価格であるということを税法に則して説明できるようにする作業です。基本三法及びこれに準ずる方法は、いずれも価格や売上総利

図表9-4 独立企業間価格の算定方法

基本三法	①独立価格比準法 ②再販売価格基準法 ③原価基準法
基本三法に準ずる方法	①独立価格比準法に準ずる方法 ②再販売価格基準法に準ずる方法 ③原価基準法に準ずる方法
その他政令で定める方法	①取引単位営業利益法 ②利益分割法 ・比較利益分割法 ・寄与度利益分割法 ・残余利益分割法

益に着目して独立企業間価格を算定するものですが、近年では企業取引が複雑化してきていることから、営業利益に着目した取引単位営業利益法が主流となっています。具体的には、データベースから機能やリスクがグループ内取引と同種である取引を選定し、その取引の利益率と会社の取引の利益率を比較して、概ね同水準であれば独立企業間価格によった取引が行われていると判断するのです。

　図表9-1と同様の取引において、販管費を考慮した場合を図表9-5で想定してみましょう。上段において、国外関連者である海外子会社の販管費が150とすると、営業利益は30（＝300－120－150）となり、営業利益率は10％となります。一方、下段は、上段の取引と同様の機能及びリスクを有する取引において独立した第三者は販管費85とすると、営業利益は15（＝300－200－85）となり、営業利益率は5％となります。ここで両者の営業利益率を比較すると、国外関連者との取引は第三者との取引に比べ2倍の営業利益率を稼いでいることになりますが、機能とリスクが同種の取引において、営業利益率が2倍も高いというのは、その高い部分に相当する分だけ海外子会社に所得が移転しているとみなされてしまうわけです。

　したがって、この場合は、海外子会社との取引により生じる営業利益が5％

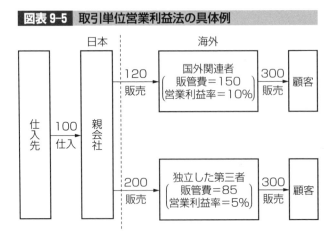

図表9-5　取引単位営業利益法の具体例

程度となるよう価格を変更したり、価格調整金の授受をしたりするなどの移転価格ポリシーの見直しが必要となります。

② 文書化（ドキュメンテーション）―ローカルファイルの作成

文書化とは、独立企業間価格を算定するために必要と認められる書類（これを「ローカルファイル」といいます）を確定申告書の提出期限までに作成し、保管しておくことです。平成29年4月1日以後開始事業年度から、このローカルファイルの作成が義務づけられていますが、国外関連取引の金額によって、その作成と提出の時期が異なります。

具体的には、国外関連取引を同時文書化対象の取引と同時文書化は免除されている取引に区分します。ここで、同時文書化とは、確定申告書の提出期限までにローカルファイルを作成することを意味します。また、同時文書化対象取引とは、前事業年度の海外子会社との棚卸資産や役務提供の取引の受払合計額が50億円以上、又はロイヤリティの収受などの無形資産取引の受払合計額が3億円以上の取引をいい、これらの金額に満たないものは、同時文書化が免除されています。この同時文書化の要否によって、ローカルファイルの作成及び提出の時期は、図表9-6のとおり異なります。

ローカルファイルの提出を求められた場合において税務当局が指定する日までに提出できないときは、税務当局は、同業他社を調査し自らその同業他社の取引を収集して独立企業間価格を算定し、それに基づいて課税処分することができます。これを推定課税といいます。税務当局は、その同業他社がどの会社

図表9-6 ローカルファイルの作成及び提出の時期

	作成の時期	提出の時期
同時文書化対象取引	確定申告書の提出時期	税務調査において求めがあった場合、税務調査官が指定する45日以内の期日まで
同時文書化免除取引	指定なし	税務調査において求めがあった場合、税務調査官が指定する60日以内の期日まで

であるかについては守秘義務があるため明かしませんので、これをシークレット・コンパラブル（直訳すると、秘密裏の比較）といいます。そのため、税務当局が課税処分の根拠としたデータが正しいかどうかを検証することができません。ローカルファイルを作成して指定期日までにこれを提出すれば、税務当局による推定課税と同業他社への調査を回避できますので、納税者が検証できないような課税処分のリスクを避けるためには、事前にローカルファイルの作成をしておくことが不可欠です。

なお、同時文書化免除取引については文書化が義務づけられていませんが、税務当局から提出を求められた場合には、やはり提出しなければならないことからあらかじめ作成しておくことが望ましいといえます。

移転価格税制は、日本だけではなく、中国、韓国、タイ、ベトナムなど多くの国でも採用されています。したがって、実際にローカルファイルを作成するにあたっては、単に日本の税務当局向けに作成するというだけでは不十分で、海外子会社を含めたグループ全体で整合性を持ったローカルファイルを作成し、海外の税務当局に対しても提出できるようにしておく必要があります。

3 実務上の留意点

① 海外子会社の利益率が高い場合

一般的に、海外子会社との取引に係る親会社の利益率が低く、海外子会社の利益率の方が高い場合には、日本の税務当局に移転価格リスクが高いと判断されます。つまり、親会社で得べかりし利益が海外子会社に移転しているのではないかと見られるわけです。

図表9-7の具体例でみましょう。製造業A社は、円安による原価高騰のため、このままでは利益が出なくなる見込みでした。そこで、原価削減のため海外子会社に製造を移管し、A社は開発のみを行い、海外子会社が従前の顧客に販売することにしました。数年後、海外子会社は、当初の目的通り原価を削減でき、利益が出るようになりました。以前のまま日本で製造を行っていれば利益が見込めなかったところ、海外に製造移管したことにより、海外子会社で利益

が出る結果となりました。

　一方、A社は開発のみを行い利益は出ないため、開発コストをどう回収するか、どう利益を確保するかという課題が残ります。

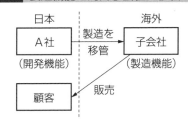

図表 9-7　製造機能を海外子会社に移転した場合

　こうした状況では、移転価格リスクが高くなります。一般的に、海外子会社が単独で事業を立ち上げることは困難で、A社による製造設備の導入、海外子会社の従業員の教育、A社が保有する特許権や製造ノウハウ等の使用許諾という支援が不可欠です。海外子会社で利益が出たのは、A社のこうした支援があったからこそであり、ロイヤリティの支払等により、その貢献に見合った利益をA社に帰属させる必要があります。

②　海外事業部と経理部の連携強化

　移転価格に対する対策として既述した移転価格ポリシーの策定と文書化を実行する際には、海外事業部の協力が不可欠です。

　多くの企業では、ロイヤリティや製品等の取引価格の決定は経理部ではなく海外事業部が担当していますが、海外事業部が移転価格について考慮しているケースはまだ少ないと思われます。

　したがって、取引価格の決定権を持つ海外事業部に対し、移転価格税制についての教育を行い、税務上問題のない取引価格を決定できる体制を構築する必要があります。

③　事前確認制度（APA）

　移転価格税制において独立企業間価格の算定は困難であり、追徴税額も多額に上ることが多いため、企業にとって予測可能性に欠けているといえます。そこで、税務当局のいわゆるお墨付きを得る「事前確認制度」というものがあります。

　事前確認制度とは、企業が税務当局に申し出た独立企業間価格の算定方法等について、税務当局がその合理性を検証・確認することをいい、企業が確認された内容に基づき申告を行っている限り、移転価格課税は行わないというものです。したがって、日本の税務当局からは将来移転価格の指摘を受けるリスクを排除することが可能となります。企業の予測可能性を確保するためにも、国税局は事前確認制度を推奨しており、事前確認の件数は増加傾向にあります。

　今後、グローバル化が一層加速すると見込まれています。そのなかで、国際的な税務リスクを抑える対策がますます重要となっていきます。

4　第二の移転価格―海外子会社間取引での寄附金課税の増加

　少し古い記事ですが平成27年4月6日付の日本経済新聞によりますと、平成24年7月から平成25年6月までに日本企業が海外との取引で税務当局から申告漏れを指摘された事例のうち、約6割が寄附金として追徴課税されたとのことです。

　税務上の寄附とは、その名目のいかんを問わず、金銭その他の資産又は経済的利益の贈与又は無償の供与のことをいいます。したがって、単なる金銭による寄附にとどまらず、相手方から対価を受け取らない資産の譲渡や役務の提供のすべてを含む広い概念です。そして、50％以上の資本関係がある海外子会社等に対する寄附金は、その全額が損金不算入とされます。

　直接的な販売活動においては、企業も移転価格税制に配慮した取引価格を設定している場合が多いのですが、間接的な業務である経営・財務・業務・事務管理上の役務提供取引は、依然として無償であるケースが多く見受けられます。

　例えば、日本企業が国外関連者の事業運営の管理等を行うため、文書やテレ

ビ会議等を通じ、国外関連者の日常業務や運営方針に関して指示を行っている場合などが挙げられます。国外関連者はこれらの活動によって経営効率の向上や業務改善、リスクの軽減、経費削減等の便益を得ていることから、本来であればその対価を支払うべきと考えられます。

　日本企業が国外関連者に対して、経営・財務・業務・事務管理上の活動を行う場合において、その活動に係る対価を収受すべきかどうかは、その活動がその国外関連者にとって「経済的又は商業的価値を有するものであるかどうか」によって判断します。具体的には、その国外関連者と同様の状況にある非関連者が他の非関連者からこれと同じ活動を受けた場合に対価を支払うかどうか、又は日本企業がその活動を行わなかったとした場合に国外関連者自らがこれと同じ活動を行う必要があると認められるかどうかにより判断することとなります。

　なお、親会社の株主総会の開催に必要な資料作成のために行う取引等の株主としての権利行使に係る活動である場合には、その活動は国外関連者にとって経済的又は商業的価値があるとは認められないため、対価を収受する必要はありません。

　国外関連者との取引においても、原則として、第三者間取引における役務提供と同等の対価を収受する必要がありますが、役務提供取引が、本業に係る付随業務として行うものや会計・税務・法務等の間接業務で一定のものである場合には、その役務提供に要した総原価の額でも良いとされています。

　したがって、対価の額について、その役務提供に係る契約内容、対価の設定方法、役務提供に係る従事者や使用資産、総原価の額等を説明できるよう資料を準備しておくことが必要です。

5 業績評価と移転価格税制

　第5章で説明したようなグループ全体で連結管理会計を行う場合において、海外子会社との取引価格の設定いかんによって海外子会社単体の業績はいかようにも変わり得ます。例えば、海外子会社への販売価格を引き上げることで海

外子会社の業績は良くなりますし、その逆もしかりです。そこで、もし海外子会社との取引価格と独立企業間価格とが異なる場合は、①税額計算をする際に税務申告書上においてのみ調整するという方法と、②海外子会社との取引価格を独立企業間価格に合わせる方法とが考えられます。

ここで、②の方法を採用すると、税務上の要請で取引価格や海外子会社の利益率を設定することになってしまい、かえって業績にマイナス影響を与えたり、競合他社との競争力を削いでしまったりということも生じ得ます。一方で、独立企業間価格は必ずしも単一の価格になるわけではありませんので、①の方法を採用するとしても、具体的に税務申告書上でいくらの調整をすればよいのかは画一的に決めることもできません。

こうしたことから、海外子会社の業績評価は、必ずしも財務諸表に表される数値だけで判断するのは好ましいとはいえません。

6 当社への適用

① 移転価格ポリシーの策定

あがたグループでは、あがた部品からタイあがたへ部品の輸出を行っています（88ページ参照）。そして、あがたグループにおける部品製造事業というセグメントに属する取引全体を考慮して価格設定をしていますので、個別の取引ごとではなく、あがた部品とタイあがたとの取引を1つの取引形態として独立企業間価格を算定することが望ましいと考えられます。したがって、独立企業間価格の算定方法は取引単位営業利益法を採用することとしました。この方法を採用するにあたっては、タイあがたにおける営業利益率を、タイあがたと機能や負担するリスクが類似した事業活動を行っている比較対象会社の営業利益率と比較することとなります。

データベースから抽出した比較対象会社の営業利益率はおよそ3～5％となっていました。タイあがたの直近の決算における営業利益率は約3.3％（売上高900百万円、営業利益30百万円。252ページ参照）となっており、比較対象会社の営業利益率のレンジに収まっています。したがって、移転価格税制

上は、問題ないと判断しました。

② ローカルファイルの作成

タイあがたとあがた部品との国外関連取引額は50億円未満ですので、同時文書化は免除されることになります。しかし、将来、税務調査においてローカルファイルの提出を求められても60日以内に作成することは困難だと判断し、あらかじめ作成しておくことにしました。

③ あがたホールディングとの取引

親会社は持株会社であり、直接的に事業にはタッチしていませんが、タイあがたの企画には関与しています。このように、グループ企業間において役務提供取引（「IGS」= Intra Group Service）を行った場合において、その対価として独立企業間価格相当額を収受すべきか否かについて、法令上明確な規定はありません。

実務上は、企画や予算管理、財務上の助言等の役務提供取引が海外子会社にとって経済的又は商業的価値を有するものかどうかにより判断するものとされています。すなわち、経済的又は商業的価値がある役務提供取引であれば、その対価を収受しなければならないのです。

この経済的又は商業的価値を有するかどうかの判断に際して、具体的には次の2つの視点を考慮します。

> ① 親会社がその役務提供を行わなかったとした場合に、国外関連者が自ら当該役務提供と同様の活動を行う必要があると認められるかどうか。
> ② 非関連者が他の非関連者から親会社が行う役務提供と内容、時期、期間その他の条件が同様である活動を受けた場合に対価を支払うかどうか。

あがたグループでは、あがたホールディングが行う企画には経済的又は商業

的価値があると判断し、その対価として10百万円の授受を行っています（179ページ参照）。この対価は、あがたホールディングにおいてタイあがたに対する役務提供に要する人件費その他の経費を算出し、これに5％の利益を乗せた額として算出しました。

　税務上、グループ企業間の役務提供取引が、支援的な性質のものであるなど一定の要件を満たす場合には、その役務提供に要した原価に5％の利益を乗せた金額を独立企業間価格とすることができるとされています。したがって、経営指導料の授受についても、移転価格税制上は問題ないと判断しました。

問題点の解決

　このように、移転価格税制上必要とされる対策を講じたので、差し当たって税務調査があっても対応できる体制は整いました。しかしながら、将来にわたって商流が変化したり、タイあがたの業績が大幅に変化したりすることがありますので、毎期、営業利益率が比較対象会社の営業利益率のレンジに収まっているかどうかのモニタリングを行ったり、経営指導料の適正性を確認していく必要があります。そのため、今までより一層タイあがたの財務状況の把握を的確に行うべく、第5章で導入した連結管理会計の精度に磨きをかけていこうと考えています。

【参考文献】

<第1章>
『持株会社の実務』（發知敏雄・箱田順哉・大谷隼夫、東洋経済新報社）
『グループ経営の法務・会計・税務』（朝日税理士法人・朝日ビジネスソリューション株式会社、中央経済社）
『新版企業再編の手続と文例書式』（監査法人トーマツ、新日本法規）
『企業再編のための合併・分割・株式交換等の実務』（仰星監査法人、清文社）
『組織再編ハンドブック』（有限責任監査法人トーマツ、中央経済社）
税経通信2010年5月号＜業種に特有な会計及び税務処理シリーズ＞第14回「持株会社の会計処理と税務の特徴」（関浩一郎・菅野貴弘、税務経理協会）

<第2章>
『企業価値評価ガイドライン（増補版）』（日本公認会計士協会、日本公認会計士協会出版局）
『中小企業のM&A成功マニュアル』（エスエヌコーポレートアドバイザリー株式会社　渡部潔、中央経済社）

<第4章>
『連結会計ハンドブック』（監査法人トーマツ、中央経済社）
『Q&A　連結決算の実務ガイド』（あずさ監査法人、中央経済社）
『そうだったのか！連結決算の考え方・つくり方』（藤原道夫、中央経済社）

<第5章>
『連結経営管理の実務』（中田清穂・三浦直樹、中央経済社）
『グローバル連結経営管理』（ビジネスブレイン太田昭和、中央経済社）
『原価計算論』（岡本敏郎、中央経済社）
『インサイト管理会計』（加登豊、中央経済社）
『管理会計―利益を生み出すマネジメントのための会計』（矢野弘樹・家富義則・三重野研一、すばる舎）
『しっかりわかる管理会計』（石上芳男、日本能率協会マネジメントセンター）

<第6章>
『詳解連結納税Q&A』（税理士法人トーマツ、清文社）
『連結納税制度導入の有利・不利判定』（佐藤信祐、中央経済社）

『詳解ケーススタディ　グループ法人税制 Q&A』（足立好幸、中央経済社）

＜第7章＞
『グローバル連結経営管理』（ビジネスブレイン太田昭和、中央経済社）

＜第9章＞
『租税法〔第22版〕』（金子宏、弘文堂）
『図解　移転価格税制のしくみ』（朝日税理士法人、中央経済社）

著者紹介

あがたグローバル税理士法人
代表社員・理事長：小林　邦一
長野事務所：長野県長野市南石堂町 1293 番地 3　長栄南石堂ビル 3 階
電話番号　026-217-2020　　ファックス番号　026-217-2223
東京事務所：東京都中央区日本橋三丁目 7 番 10 号　タンペイ日本橋ビル 2 階
電話番号　03-5200-1044　　ファックス番号　03-5200-1313
業務内容：決算書作成および税務申告、税務相談、税務代理、月次監査、自計化支援、企業再編等
ホームページ URL：http://www.ag-tax.or.jp/

井口　秀昭　公認会計士

1956 年長野県生まれ。1980 年東京大学経済学部卒業。農林中央金庫、八十二銀行を経て、2011 年より、あがたグローバルコンサルティング・あがたグローバル税理士法人所属。著書に、決算書のツボ（税務研究会）、『会社四季報』で学ぶ株式投資のための会計入門（東洋経済新報社）、決算書「超」読解法（東洋経済新報社）、みるみる身につく決算書完全攻略ノート（角川 SSC）、事例に学ぶ決算分析の勘所（金融財政事情研究会）など。

多賀谷　博康　税理士・米国公認会計士（inactive）

1972 年長野県生まれ。1995 年信州大学経済学部卒業。1995 年小林会計事務所（現あがたグローバル税理士法人）入所。2003 年 7 月から 2005 年 3 月まで長野県中小企業再生支援協議会窓口専門家に従事。現在、あがたグローバル税理士法人東京事務所長社員税理士、あがたグローバルコンサルティング株式会社取締役。
上場企業から中小企業までの税務顧問、組織再編支援業務、企業再生支援業務、連結納税、国際税務、税務デューデリジェンス業務等に従事。

稲垣　泰典　公認会計士

1978 年神奈川県生まれ。2000 年慶応大学総合政策学部卒業。有限責任あずさ監査法人を経て、2012 年より、あがたグローバルコンサルティング・あがたグローバル税理士法人所属。
上場企業から中小企業までの税務・会計相談、連結決算コンサルティング、M&A 関連業務等に従事。

アヴァンセコンサルティング株式会社
代表取締役:野村　昌弘・大野　崇
事務所:東京都千代田区神田須田町 1-5　KS ビル 8 階
電話番号　03-5296-9097　ファックス番号　03-5296-9099
業務内容:会計コンサルティング、経営コンサルティング、M&A・組織再編コンサルティング
ホームページ URL:https://www.avance-consulting.jp/

野村　昌弘　公認会計士・税理士

1974 年埼玉県生まれ。1997 年立教大学法学部卒業。あずさ監査法人(現有限責任あずさ監査法人)、株式会社パートナーズコンサルティング、あがたグローバルコンサルティング株式会社を経て、2016 年よりアヴァンセコンサルティング株式会社代表取締役。
上場企業等の会計相談、決算コンサルティング業務、グループ経営支援コンサルティングのほか、M&A・事業再生に関する財務デューデリジェンス業務等に従事。

大野　崇　公認会計士・税理士

1975 年千葉県生まれ。1999 年明治大学大学院商学研究科修了。あずさ監査法人(現有限責任あずさ監査法人)、あがたグローバルコンサルティング株式会社を経て、2016 年よりアヴァンセコンサルティング株式会社代表取締役。
上場企業の決算コンサルティング業務、グループ経営支援コンサルティングのほか、M&A・事業再生に関する財務デューデリジェンス業務、株価算定業務等に従事。

著者との契約により検印省略

平成24年9月1日 初版発行	**グループ経営をはじめよう【第4版】**
平成26年4月1日 改訂版発行	非上場会社のための持株会社活用法
平成28年6月1日 第3版発行	
平成30年11月10日 第4版発行	

著　者	あがたグローバル税理士法人 アヴァンセコンサルティング株式会社
発行者	大　坪　克　行
製版所	美研プリンティング株式会社
印刷所	税経印刷株式会社
製本所	牧製本印刷株式会社

発行所	東京都新宿区 下落合2丁目5番13号　　　株式会社　税務経理協会

郵便番号　161-0033　振替　00190-2-187408　　電話　(03) 3953-3301 (編集部)
　　　　　　　FAX (03) 3565-3391　　　　　　　　　　　(03) 3953-3325 (営業部)
URL　http://www.zeikei.co.jp/
乱丁・落丁の場合はお取替えいたします。

Ⓒ　あがたグローバル税理士法人・アヴァンセコンサルティング株式会社　2018　　Printed in Japan

本書の無断複写は著作権法上での例外を除き禁じられています。複写される
場合は、そのつど事前に、(社)出版者著作権管理機構 (電話 03-3513-6969,
FAX 03-3513-6979, e-mail : info@jcopy.or.jp) の許諾を得てください。

JCOPY <(社)出版者著作権管理機構 委託出版物>

ISBN978－4－419－06585－0　C3034